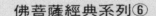

佛菩薩經典系列⑥

地藏菩薩經典

佛菩薩經典的出版因緣

佛菩薩經典的出版，帶給我們許多的法喜與希望。因為透過這些經典的導引，將使我們了悟佛菩薩的偉大聖德，不只能讓我們得到諸佛菩薩的慈光佑護，更能令我們吉祥願滿。最重要的是使吾等能隨學於彼，以他們作為生命的典範，學習他們偉大的生涯，成就佛智圓滿。

佛菩薩經典的集成，是秉持對諸佛菩薩的無上仰敬，祈望將他們的慈悲、智慧、聖德、本生及修證生活，完滿的呈現在真正修行的佛子之前。使皈依於他們的人，能夠擁有一本隨身指導修行的經典匯集，能時時親炙於他們的法身智慧；讓大家就宛如隨時擁有一座諸佛菩薩專屬的教化殿堂，完成「生活即佛經、佛經即生活」的希望。現在，我們將這一個成果，供養給這些偉大的佛菩薩，也將之呈獻給所有熱愛佛典的大眾。

為了讓大家能迅速的掌握經典的義理，此套佛典全部採用新式分段、標點，使讀者能事半功倍的總持佛心妙智；並在珍貴的生命旅程中，迅速掌握到幸福與光明的根源。

我們希望這一套書，能使大家很快地親見諸佛菩薩的真實面貌，將他們成為我們人生中最親切的導師。在歡樂幸福的時候，激勵大家不要放逸，精進修行，在憂鬱煩惱的時候，使大家獲得安寧喜悅；更重要的是幫助我們解脫自在，得到清淨的智慧光明。而我們更應當學習諸佛菩薩的大悲願力，成為無盡的燈明，並依止他們的威神加持，用慈悲與智慧來幫助一切眾生。

學習諸佛菩薩，使我們成為他們的使者；這個心願，是我們一直想推行的運動。或許有人會質疑：自己有什麼樣的資格，來成為佛菩薩的使者，甚至化身呢？但是，大乘佛法的根本，即是要我們發起菩提心，學習諸佛菩薩救度眾生的妙行。因此，菩薩的發心，首先是依止「眾生無邊誓願度，煩惱無盡誓願斷，法門無量誓願學，佛道無上誓願成」等共同的誓願，然後再依個別的因緣，發起不共的大願；這本來就是最根本的行持而已。而且這樣的發心，是任何人都可以也應該發起的，絕沒有條件與境界的限制。

所以，我們學習諸佛菩薩，當然初始時，根本無法如他們擁有廣大的慈悲、智慧。但是，我們可以學習成為他們的使者，成為他們百分之一、千分之一、萬分之一，乃至億萬分之一的化身；這樣還是可以立即發心，開始修習菩薩行的。只有當下立即發心開始修習，才是真正的開始啊！這是不需要任何預備動作的；開始時請立即開始，我們現在就成為無數分之一的佛菩薩，讓我們在這個充滿強而有力的科技文明，卻又十分混亂的世界中，幫助大家，也幫助自己吧！

這次佛菩薩經集編輯成十本，首先選擇與大家因緣深厚的佛菩薩，讓我們歡喜親近、體悟修習。這十本是：

一、阿彌陀佛經典

二、藥師佛・阿閦佛經典

三、普賢菩薩經典

四、文殊菩薩經典

五、觀音菩薩經典

六、地藏菩薩經典

七、彌勒菩薩·常啼菩薩經典

八、維摩詰菩薩經典

九、虛空藏菩薩經典

十、無盡意菩薩·無所有菩薩經典

我們希望透過這些經典的導引，能讓我們體悟諸佛菩薩的智慧悲心，也讓我們向彼等學習，使我們成為與阿彌陀佛、藥師佛、阿閦佛、觀音菩薩、文殊菩薩、普賢菩薩、地藏菩薩等同見同行的人。隨著自己的本願發心，抉擇一位佛菩薩學習，然後不斷增長，到最後迅速與諸佛菩薩完全相應，成為他們圓滿的化身，同一無二，成就佛智菩提，並使所有的眾生圓滿成佛。

凡例

一、關於本系列經典的選取，以能彰顯該佛或菩薩之教化精神為主，以及包含各同經異譯本，期使讀者能迅速了解諸佛菩薩之教法。

二、本系列經典選取之經文，以卷為單位；若是選取的經文為某卷中的一部分時，本系列經典仍保留卷題與譯者名，而所節略之經文處，則以「㊉」表之。

三、本系列經典係以日本《大正新修大藏經》（以下簡稱《大正藏》）為底本，而以宋版《磧砂大藏經》（新文豐出版社所出版的影印本，以下簡稱《磧砂藏》）為校勘本，並輔以明版《嘉興正續大藏經》與《大正藏》本身所作之校勘，作為本系列經典之校勘依據。

四、《大正藏》有字誤或文意不順者，本系列經典校勘後，以下列符號表示之：

㈠改正單字者，在改正字的右上方，以「*」符號表示之。如《藥師琉璃光七佛本願功德經》卷上的經名：

藥師琉「瑠」光七佛本願功德經卷上《大正藏》

藥師琉「璃」光七佛本願功德經卷上《磧砂藏》

校勘改作為：

藥師琉*璃光七佛本願功德經卷上

(二)改正二字以上者，在改正之最初字的右上方，以「*」符號表示之，並在改正之最末字的右下方，以「☆」符號表示之。

如《阿閦佛國經》卷上〈阿閦佛剎善快品〉之中：

其地行足蹈其上即「滅這」，舉足便還復如故《大正藏》

其地行足蹈其上即「陷適」，舉足便還復如故《磧砂藏》

校勘改作為：

其地行足蹈其上即*陷適☆，舉足便還復如故

五、《大正藏》中有增衍者，本系列經典校勘刪除後，以「①」符號表示之，其

中圓圈內之數目，代表刪除之字數。

如《大寶積經》卷二十〈往生因緣品〉之中：

於「彼彼佛剎」隨樂受生《大正藏》

於「彼佛剎」隨樂受生《磧砂藏》

校勘改作為：

於彼①佛剎隨樂受生

六、《大正藏》中有脫落者，本系列經典校勘後，以下列符號表示之：

㈠脫落補入單字者，在補入字的右上方，以「⊙」符號表示之。

如《佛說無量清淨平等覺經》卷二之中：

如帝王雖於人中「好無比」，當令在遮迦越王邊住者《大正藏》

如帝王雖於人中「獲好無比」，當令在遮迦越王邊住者《磧砂藏》

校勘改作為：

如帝王雖於人中⊙獲好無比，當令在遮迦越王邊住者

㈡脫落補入二字以上者，在補入之最初字的右上方，以「⊙」符號表示之，並在補入之最末字的右下方，以「☆」符號表示之。

如《佛說無量壽經》卷上之中：

乃至三千大千世界「眾生緣覺」，於百千劫悉共計挍《大正藏》

乃至三千大千世界「眾生悉成緣覺」，於百千劫悉共計挍《磧砂藏》

校勘改作為：

乃至三千大千世界眾生⊙悉成☆緣覺，於百千劫悉共計挍

㈢有脫落字而無校勘者，以「□」符號表示之。

如《藥師如來念誦儀軌》之中：

令　又令須蓮臺《大正藏》

《磧砂藏》無此經，而《大正藏》之校勘中，除原藏本外，並無他本藏經之校勘，故為標示清楚，特作為：

令□又令須蓮臺

七、本系列經典依校勘之原則，而無法以前面之各種校勘符號表示清楚者，則以「㊟」表示之，並在經文之後作說明。

八、《大正藏》中，凡不影響經義之正俗字（如：恆、恒）、通用字（如：蓮「華」、蓮「花」）、音譯字（如：目「犍」連、目「乾」連）等彼此不一者，本系列經典均不作改動或校勘。

九、《大正藏》中，凡現代不慣用的古字，本系列經典則以教育部所頒行的常用字取代之（如：讃→讚），而不再詳以對照表說明。

十、凡《大正藏》經文內本有的小字夾註者，本系列經典均以小字雙行表示之。

十一、凡《大正藏》經文內之咒語，其斷句以空格來表示。若原文上有斷句序號而未空格時，則本系列經典均於序號之下，加空一格；但若作校勘而有增補空格或刪除原文之空格時，則仍以「⊙」、「①」符號校勘之。又原文若無序號亦未斷句者，則維持原樣。

十二、本系列經典之經文，採用中明字體，而其中之偈頌、咒語及願文等，皆採用正楷字體。另若有序文或作註釋說明時，則採用仿宋字體。

十三、本系列經典所作之標點、分段及校勘等，以儘量順於經義為原則，來方便讀者之閱讀。

地藏菩薩經典序

地藏菩薩（梵名Ksitigarbha）是在六道中示現，於未來際中救度無量苦難眾生，使之得到解脫安樂的菩薩。他更以「地獄不空，誓不成佛」的大願，廣為世人所熟知。也是佛教徒超荐先靈時，作為主尊的大菩薩。

地藏菩薩往昔在忉利天時曾受到釋迦牟尼佛的囑付，每日晨朝之時，必須入如恒河沙般眾多的三昧禪定，以觀察眾生的機緣，而予以救度。並在釋迦佛滅度之後，彌勒佛未來之際，二佛之間的無佛世界中，救度教化所有的眾生；所以他更是現前我們世間的大恩依怙。

《地藏菩薩本願經》〈囑累人天品〉中釋迦牟尼佛曾說：「吾今日在忉利天中，於百千萬億不可說不可說一切諸佛天龍八部大會之中，再以人天諸眾生等未出之界，在火宅中者付囑於汝（地藏菩薩），無令是諸眾生墮惡趣中一日一夜。」

而《地藏十輪經》更說：「此善男子（地藏菩薩）於一一日每晨朝時，為欲成熟諸有情故，入殑伽沙等諸定，從定起已，徧於十方諸佛國土，成熟一切所化有情，隨其所應，利益安樂。」

所以，任何衆生如果至心如法的念誦地藏菩薩的名號，必定能獲致無量無邊的利益。地藏菩薩有廣大不可思議的殊勝功德，而且他自從發心修行以後，已圓滿修習不可思議的無邊密境，更具足了廣大無邊的悲願。經過無量時劫以來，他的智慧、功德，早已等同諸佛，入於等覺究竟之位，應當早已成佛。但是由於他的悲願過於高遠，所以要度盡一切衆生，方成佛果。因此至今依舊示現菩薩之相，而未成佛，是故被稱為大願王。

而稱念地藏菩薩或供養其圖像，不只能離諸憂苦，而且能獲二十八種利益：一、天龍護念。二、善果日增。三、集聖上音。四、菩提不退。五、衣食豐足。六、疾疫不臨。七、離水火災。八、無盜賊厄。九、人見欽敬。十、神鬼助持。十一、女轉男身。十二、為王臣女。十三、端正相好。十四、多生天上。十五、或為帝王。十六、宿智命通。十七、有求皆從。十八、眷屬歡樂。十九、諸橫銷滅。二十、業道永除。二十一、去處盡通。二十二、夜夢安樂。二十三、先亡離苦。二十四、宿福受生。二十五、諸聖讚嘆。二十六、聰明利根。二十七、饒慈愍心。二十八、畢竟成佛。這些都是由於地藏菩薩的廣大悲願功德，及威神力所加持成就。

雖然地藏菩薩的造型極多，也有戴天冠的在家相，但一般而言都示現為出家相，與觀音、文殊、普賢等菩薩的在家相造型有所不同。他特別重視救濟苦難特深的地獄眾生，並提倡孝道，教人如法超荐祖先，教導眾生敬信三寶、深信因果，使中國佛教界對他有著至高的崇仰。

《地藏十輪經》說其名號的來由為：「安忍不動猶如大地，靜慮深祕猶如祕藏。」所以尊名為地藏。而在密教中其密號為「悲願金剛」或「與願金剛」；表現了他如大地之厚載，安住法性，深祕不住六道，而廣度眾生的特德。

另外地藏菩薩也有教化六道眾生而化現為六菩薩的說法。六道地藏是：一、檀陀地藏，為地獄道衆生的化主，手持手頭幢。二、寶珠地藏，為餓鬼道衆生的怙主，手持寶珠。三、寶印地藏，為度脫畜牲道的化主，手結如意寶印手者。四、持地地藏，為修羅道的化主，能持大地擁護修羅。五、除蓋障地藏，為人道衆生的依怙，能為人除去八苦的障難。六、日光地藏，為天道衆生的化主，能照除天人五衰之相，而除其苦惱。

此六地藏化現在六道衆生中，解脫諸趣衆生的苦難；這都是由地藏菩薩的大悲願力所如實化現的。

佛滅後一千五百年，唐代新羅國的王子金喬覺，於永徽四年，二十四歲時，携白犬善聽，到我國安徽九華山結廬苦修七十五年。當時有一閣老閔公長者，素懷善念，對他十分崇敬，每齊百僧之時，必虛一位，請洞僧（金喬覺）會齊。傳說洞僧向他乞一袈裟之地，閔公許之，結果袈裟徧覆九華山。閔公將九華山盡皆喜捨。

後來其子依洞僧出家，即道明和尚；閔公再禮其子為師。在洞僧涅槃後，國人認為他是大願地藏王菩薩的化身。因此，九華山乃成為地藏王菩薩應化在中國的道場。所以今日的地藏菩薩的兩旁侍像，左道明，右閔公，就是由此而來。

為了彰顯地藏菩薩的偉大功德，也期望深切仰信地藏菩薩的眾生，能夠隨學於菩薩，並且迅速的總持地藏菩薩的大願教法；所以，我們將地藏菩薩相關的重要經典，編輯成一冊，使所有的修行人，能將這一本經集，做為隨身攜帶的修證聖典。讓我們隨時隨地憶念地藏菩薩的勝行，使我們在困頓時有所依止，在煩惱時能飲下清涼的甘露法語，在平順時惕勵精進，在修持時能有顯明的導引；使地藏菩薩的法身隨時隨地供奉在我們的心中，加持我們悲心具足、智慧泉湧、大願成就，如意吉祥。

最後，讓我們共同合掌稱念「南無地藏王菩薩摩訶薩」的洪名，願大眾能成就光明，遠離苦惱，一切吉祥。更希望吾等所在之土，也能早成淨土，不要使地藏菩薩永遠無法成佛；祈願地藏菩薩的光明普照，威神加被，使我們一切順遂，人間和平，國土安樂，遠離紛亂恐懼，「人間淨土」早日圓成。更願大家成為地藏菩薩的使者，圓滿菩薩的悲願，早日成佛。

南無　大願地藏菩薩摩訶薩

目錄

大乘大集地藏十輪經

唐　玄奘譯

地藏菩薩本願經

地藏菩薩本願經卷上

唐于闐國三藏沙門實叉難陀譯

忉利天宮神通品第一

如是我聞：一時，佛在忉利天為母說法。爾時，十方無量世界不可說不可說一切諸佛，及大菩薩摩訶薩皆來集會，讚歎釋迦牟尼佛，能於五濁惡世現不可思議大智慧神通之力，調伏剛彊眾生，知苦樂法，各遣侍者問訊世尊。是時，如來含笑，放百千萬億大光明雲，所謂大圓滿光明雲、大慈悲光明雲、大智慧光明雲、大般若光明雲、大三昧光明雲、大吉祥光明雲、大福德光明雲、大功德光明雲、大歸依光明雲、大讚歎光明雲。放如是等不可說光明雲已，又出種種微妙之音，所謂檀波羅蜜音、尸波羅蜜音、羼提波羅蜜音、毘離耶波羅蜜音、禪波羅蜜音、般若波羅蜜音、慈悲音、喜捨音、解脫音、無漏音、智慧音、大智慧音、師子吼音、大師子吼音、雲雷音、大雲雷音。出如是等不可說不可說音已，娑婆世界及他方國土，有無量億天、龍、鬼、神亦集到忉利天宮，所謂四天王天、忉利天、須焰摩天、兜率陀天、化樂天、他化自在天、梵眾天、梵輔天、大梵天、少光天、無量光天、光音天、少淨天、無量淨天、遍淨天、福生天、福愛天、廣果天、無想天、無煩天、無熱天、善見天、善現天、色究竟天、摩醯首羅天乃至非想非非想處天，一切天眾、龍眾、鬼神等眾悉來集會。復有他方國土及娑婆世界海神、江神、河神、樹神、山神、地神、川澤神、苗稼神、晝神、夜神、空神、天神、飲食神、草木神，如是等神皆來集會。復有他方國土及娑婆世界諸大鬼王，所謂惡目鬼王、噉血鬼王、噉精氣鬼王、噉胎卵鬼王、行病鬼王、攝毒鬼王、慈心鬼王、福利鬼王、大愛敬鬼王，如是等鬼王皆來集會。

爾時，釋迦牟尼佛告文殊師利法王子菩薩摩訶薩：「汝觀是一切諸佛菩薩及天龍鬼神，此世界、他世界，此國土、他國土，如是今來集會到忉利天者，汝知數不？」

文殊師利白佛言：「世尊！若以我神力千劫測度，不能得知。」

佛告文殊師利：「吾以佛眼觀故猶不盡數，此皆是地藏菩薩久遠劫來，已度、當度、未度，已成就、當成就、未成就。」

文殊師利白佛言：「世尊！我已過去久修善根，證無礙智，聞佛所言即當信受；小果聲聞、天龍八部及未來世諸眾生等，雖聞如來誠實之語，必懷疑惑，設使頂受，未免興謗。唯願世尊廣說地藏菩薩摩訶薩因地作何行、立何願，而能成就不思議事？」

佛告文殊師利：「譬如三千大千世界所有草木、叢林、稻麻、竹葦、山石、微塵，一物一數作一恒河，一恒河沙一沙之界，一界之內一塵一劫，一劫之內所積塵數，盡充為劫，地藏菩薩證十地果位已來，千倍多於上喻，何況地*藏菩薩在聲聞、辟支佛地！文殊師利！此菩薩藏神誓願不可思議。若未來世有善男子、善女人聞是菩薩名字，或讚歎，或瞻禮，或稱名，或供養，乃至彩畫、刻鏤、塑漆形像，是人當得百返生於三十三天，永不墮惡道。

「文殊師利！是地藏菩薩摩訶薩於過去久遠不可說不可說劫前，身為大長者子，時世有佛號曰師子奮迅具足萬行如來。時長者子見佛相好千福莊嚴，因問彼佛：『作何行願而得此相？』時師子奮迅具足萬行如來告長者子：『欲證此身，當須久遠度脫一切受苦眾生。』文殊師利！時長者子因發願言：『我今盡未來際不可計劫，為是罪苦六道眾生廣設方便，盡令解脫，而我自身方成佛道。』以是於彼佛前立斯大願，于今百千萬億那由他不可說劫尚為菩薩。

「又於過去不可思議阿僧祇劫，時世有佛號曰覺華定自在王如來，彼佛壽命四百千萬億阿僧祇劫。像法之中，有一婆羅門女，宿福深厚，眾所欽敬，行住坐臥諸天衛護。其母信邪，常輕三寶。是時聖女廣說方便，勸誘其母，令生正見，而此女母未全生信，不久命終，魂神墮在無間地獄。時婆羅門女知母在世不信因果，計當隨業必生惡趣，遂賣家宅，廣求香華及諸供具，於先佛塔寺大興供養，見覺華定自在王如來其形像在一寺中，塑畫威容端嚴畢備。時婆羅門女瞻禮尊容，倍生敬仰，私自念言：『佛名大覺，具一切智。若在世時，我母死後，儻來問佛，必知處所。』時婆羅門女垂泣良久，瞻戀如來，忽聞空中聲曰：『泣者聖女！勿至悲哀，我今示汝母之去處。』婆羅門女合掌向空，而白空曰：『是何神德寬我憂慮？我自失母已來，晝夜憶戀，無處可問知母生界。』時空中有聲再報女曰：『我是汝所瞻禮者，過去覺華定自在王如來，見汝憶母倍於常情衆生之分，故來告示。』婆羅門女聞此聲已，舉身自撲，支節皆損，左右扶侍，良久方穌，而白空曰：『願佛慈愍速說我母生界，我今身心將死不久。』時覺華定自在王如來告聖女曰：『汝供養畢，但早返舍，端坐思惟吾之名號，即當知母所生去處。』

「時婆羅門女尋禮佛已，即歸其舍，以憶母故，端坐念覺華定自在王如來。經一日一夜，忽見自身到一海邊，其水涌沸，多諸惡獸盡復鐵身，飛走海上，東西馳逐，見諸男子、女人百千萬數出沒海中，被諸惡獸爭取食噉；又見夜叉其形各異，或多手、多眼、多足、多頭，口牙外出，利刃如劍，驅諸辠人使近惡獸；

復自搏攫頭足相就，其形萬類，不敢久視。時婆羅門女以念佛力故自然無懼，有一鬼王名曰無毒，稽首來迎，白聖女曰：『善哉！菩薩！何緣來此？』時婆羅門女問鬼王曰：『此是何處？』無毒答曰：『此是大鐵圍山西面第一重海。』聖女問曰：『我聞鐵圍之內，地獄在中，是事實不？』無毒答曰：『實有地獄。』聖女問曰：『我今云何得到獄所？』無毒答曰：『若非威神，即須業力，非此二事終不能到。』

「聖女又問：『此水何緣而乃涌沸？多諸罪人及以惡獸？』無毒答曰：『此是閻浮提造惡眾生新死之者，經四十九日後，無人繼嗣為作功德，救拔苦難，生時又無善因，當據本業所感地獄，自然先渡此海。海東十萬由旬又有一海，其苦倍此；彼海之東又有一海，其苦復倍。三業惡因之所招感，共號業海其處是也。』聖女又問鬼王無毒曰：『地獄何在？』無毒答曰：『三海之內是大地獄，其數百千各各差別，所謂大者具有十八，次有五百苦毒無量，次有千百亦無量苦。』

「聖女又問大鬼王曰：『我母死來未久，不知魂神當至何趣？』鬼王問聖女曰：『菩薩之母在生習何行業？』聖女答曰：『我母邪見，譏毀三寶，設或暫信，旋又不敬，死雖日淺，未知生處。』無毒問曰：『菩薩之母姓氏何等？』聖女答曰：『我父我母俱婆羅門種，父號尸羅善現，母號悅帝利。』無毒合掌啟菩薩曰：『願聖者却返本處，無至憂憶悲戀。悅帝利罪女生天以來，經今三日，云承孝順之子為母設供修福，布施覺華定自在王如來塔寺，非唯菩薩之母得脫地獄，應是無間罪人，此日悉得受樂，俱同生訖。』鬼王言畢，合掌而退。婆羅門女尋如夢歸，悟此事已，便於覺華定自在王如來塔像之前，立弘誓願：『願我盡未來劫，應有罪苦眾生廣設方便，使令解脫。』」

佛告文殊師利：「時鬼王無毒者，當今財首菩薩是；婆羅門女者，即地藏菩薩是。」

分身集會品第二

爾時，百千萬億不可思、不可議、不可量、不可說無量阿僧祇世界，所有地獄處分身地藏菩薩俱來集在忉利天宮，以如來神力故，各以方面與諸得解脫從業道出者，亦各有千萬億那由他數，共持香華來供養佛，彼諸同來等輩皆因地藏菩薩教化，永不退轉於阿耨多羅三藐三菩提。是諸眾等久遠劫來流浪生死，六道受苦暫無休息，以地藏菩薩廣大慈悲深誓願故，各獲果證，既至忉利，心懷踊躍，瞻仰如來目不暫捨。

爾時，世尊舒金色臂，摩百千萬億不可思、不可議、不可量、不可說無量阿僧祇世界諸分身地藏菩薩摩訶薩頂，而作是言：「吾於五濁惡世，教化如是剛彊眾生，令心調伏，捨邪歸正，十有一二尚惡習在。吾亦分身千百億廣設方便，或有利根聞即信受，或有善果勤勸成就，或有暗鈍久化方歸，或有業重不生敬仰，如是等輩眾生各各差別，分身度脫。或現男子身，或現女人身，或現天龍身，或現神鬼身，或現山林、川原、河池、泉井利及於人悉皆度脫，或現天帝身，或現梵王身，或現轉輪王身，或現居士身，或現國王身，或現宰輔身，或現官屬身，或現比丘、比丘尼、優婆塞、優婆夷身，乃至聲聞、羅漢、辟支佛、菩薩等身而以化度，非但佛身獨現其前。汝觀吾累劫勤苦，度脫如是等難化剛彊罪苦眾生，其有未調伏者隨業報應，若墮惡趣受大苦時，汝當憶念吾在忉利天宮殷勤付囑，令娑婆世界至彌勒出世已來眾生悉使解脫，永離諸苦，遇佛授記。」

爾時，諸世界分身地藏菩薩共復一形，涕淚哀戀，白其佛言：「我從久遠劫來，蒙佛接引，使獲不可思議神力，具大智慧。我所分身遍滿百千萬億恒河沙世界，每一世界化百千萬億身，每一身度百千萬億人，令歸敬三寶，永離生死，至涅槃樂，但於佛法中所為善事，一毛一渧，一沙一塵，或毫髮許，我漸度脫，使獲大利。唯願世尊不以後世惡業眾生為慮！」如是三白佛言：「唯願世尊不以後世惡業眾生為慮！」

爾時，佛讚地藏菩薩言：「善哉！善哉！吾助汝喜，汝能成就久遠劫來發弘誓願，廣度將畢，即證菩提。」

觀眾生業緣品第三

爾時，佛母摩耶夫人恭敬合掌，問地藏菩薩言：「聖者！閻浮眾生造業差別，所受報應其事云何？」

地藏答言：「千萬世界乃及國土，或有地獄，或無地獄，或有女人，或無女人，或有佛法，或無佛法，乃至聲聞、辟支佛亦復如是，非但地獄罪報一等。」

摩耶夫人重白菩薩：「且願聞於閻浮罪報所感惡趣。」

地藏答言：「聖母！唯願聽受，我麤說之。」

佛母白言：「願聖者說。」

爾時，地藏菩薩白聖母言：「南閻浮提罪報名號如是：若有眾生不孝父母，或至殺害，當墮無間地獄，千萬億劫求出無期。若有眾生出佛身血，毀謗三寶，不敬尊經，亦當墮於無間地獄，千萬億劫求出無期。若有眾生侵損常住，點污僧尼，或伽藍內恣行淫欲，或殺或害如是等輩，當墮無間地獄，千萬億劫求出無期。若有眾生偽作沙門心非沙門，破用常住欺誑白衣，違背戒律種種造惡，如是等輩當墮無間地獄，千萬億劫求出無期。若有眾生偷竊常住財物、穀米、飲食、衣服，乃至一物不與取者，當墮無間地獄，千萬億劫求出無期。」

地藏白言：「聖母！若有衆生作如是罪，當墮五無間地獄，求暫停苦一念不得。」

摩耶夫人重白地藏菩薩言：「云何名為無間地獄？」

地藏白言：「聖母！諸有地獄在大鐵圍山之內，其大地獄有一十八所，次有五百名號各別，次有千百名字亦別。無間獄者，其獄城周匝八萬餘里，其城純鐵高一萬里，城上火聚少有空缺，其獄城中諸獄相連，名號各別，獨有一獄名曰無間。其獄周匝萬八千里，獄墻高一千里，悉是鐵為，上火徹下，下火徹上，鐵蛇鐵狗吐火馳逐，獄墻之上東西而走。獄中有床遍滿萬里，一人受罪自見其身遍臥滿床，千萬人受罪亦各自見身滿床上，衆業所感獲報如是。又諸罪人備受衆苦，千百夜叉及以惡鬼口牙如劍，眼如電光，手復銅爪拖拽罪人。復有夜叉執大鐵戟中罪人身，或中口鼻，或中腹背，拋空翻接或置床上。復有鐵鷹啗罪人目，復有鐵蛇繳罪人頸，百肢節內悉下長釘，拔舌耕犁抽腸剉斬，洋銅灌口熱鐵纏身，萬死千生業感如是，動經億劫求出無期。此界壞時寄生他界，他界次壞轉寄他方，他方壞時展轉相寄，此界成後還復而來，無間罪報其事如是。又五事業感故稱無間，何等為五？一者、日夜受罪以至劫數無時間絕，故稱無間。二者、一人亦滿，多人亦滿，故稱無間。三者、罪器叉棒鷹蛇狼犬，碓磨鋸鑿剉斫鑊湯，鐵網鐵繩鐵驢鐵馬，生革絡首熱鐵澆身，飢吞鐵丸渴飲鐵汁，從年竟劫數那由他，苦楚相連更無間斷，故稱無間。四者、不問男子、女人、羌胡、夷狄、老幼、貴賤，或龍、或神、或天、或鬼，罪行業感悉同受之，故稱無間。五者、若墮此獄，從初入時至百千劫，一日一夜萬死萬生，求一念間暫住不得，除非業盡方得受生，以此連綿，故稱無間。」

地藏菩薩白聖母言：「無間地獄麁說如是。若廣說地獄罪器等名及諸苦事，一劫之中求說不盡。」摩耶夫人聞已，愁憂合掌，頂禮而退。

閻浮眾生業感品第四

爾時，地藏菩薩摩訶薩白佛言：「世尊！我承佛如來威神力故，遍百千萬億世界，分是身形，救拔一切業報眾生，若非如來大慈力故，即不能作如是變化。我今又蒙佛付囑，至阿逸多成佛已來，六道眾生遣令度脫。唯然！世尊！願不有慮。」

爾時，佛告地藏菩薩：「一切眾生未解脫者，性識無定，惡習結業，善習結果，為善為惡逐境而生，輪轉五道暫無休息，動經塵劫迷惑障難，如魚遊網將是長流，脫入暫出又復遭網，以是等輩吾當憂念。汝既畢是往願，累劫重誓廣度罪輩，吾復何慮？」

說是語時，會中有一菩薩摩訶薩名定自在王，白佛言：「世尊！地藏菩薩累劫已來，各發何願？今蒙世尊殷勤讚歎，唯願世尊略而說之。」

爾時世尊告定自在王菩薩：「諦聽！諦聽！善思念之，吾當為汝分別解說。乃往過去無量阿僧祇那由他不可說劫，爾時有佛，號一切智成就如來、應供、正遍知、明行足、善逝、世間解、無上士、調御丈夫、天人師、佛、世尊，其佛壽命六萬劫，未出家時為小國王，與一隣國王為友，同行十善饒益衆生。其隣國內所有人民多造衆惡，二王議計廣設方便，一王發願早成佛道，當度是輩令使無餘；一王發願若不先度罪苦，令是安樂得至菩提，我終未願成佛。」

佛告定自在王菩薩：「一王發願早成佛者，即一切智成就如來是；一王發願永度罪苦衆生，未願成佛者，即地藏菩薩是。」

「復於過去無量阿僧祇劫，有佛出世名清淨蓮華目如來，其佛壽命四十劫。像法之中，有一羅漢福度衆生，因次教化，遇一女人字曰光目，設食供養。羅漢問之：『欲願何等？』光目答言：『我以母亡之日，資福救拔，未知我母生處何趣？』羅漢愍之，為入定觀，見光目女母墮在惡趣受極大苦。羅漢問光目言：『汝母在生，作何行業？今在惡趣受極大苦。』光目答言：『我母所習，唯好食噉魚鼈之屬，所食魚鼈多食其子，或炒或煮恣情食噉，計其命數千萬復倍。尊者慈愍，如何哀救？』羅漢愍之，為作方便，勸光目言：『汝可志誠念清淨蓮華目如來，兼塑畫形像，存亡獲報。』光目聞已，即捨所愛，尋畫佛像而供養之，復恭敬心悲泣瞻禮，忽於夜後夢見佛身，金色晃耀如須彌山，放大光明，而告光目：『汝母不久當生汝家，纔覺飢寒，即當言說。』其後家內婢生一子，未滿三日，而乃言說，稽首悲泣，告於光目：『生死業緣果報自受，吾是汝母，久處暗冥，自別汝來，累墮大地獄，蒙汝福力方得受生，為下賤人又復短命，壽年十三，更落惡道。汝有何計，令吾脫免？』光目聞說，知母無疑，哽咽悲啼，而白婢子：『既是我母，合知本罪作何行業墮於惡道？』婢子答言：『以殺害、毀罵二業受報。若非蒙福救拔吾難，以是業故，未合解脫。』

「光目問言：『地獄罪報其事云何？』婢子答言：『罪苦之事不忍稱說，百千歲中卒白難竟。』光目聞已，啼淚號泣，而白空界：『願我之母永脫地獄，畢十三歲更無重罪及歷惡道，十方諸佛慈哀愍我，聽我為母所發廣大誓願。若得我母永離三塗及斯下賤，乃至女人之身，永劫不受者，願我自今日後，對清淨蓮華目如來像前，却後百千萬億劫中，應有世界所有地獄及三惡道諸罪苦眾生，誓願救拔令離地獄、惡趣、畜生、餓鬼等，如是罪報等人盡成佛竟，我然後方成正覺。』發誓願已，具聞清淨蓮華目如來而告之曰：『光目！汝大慈愍，善能為母發如是大願，吾觀汝母十三歲畢，捨此報已生為梵志，壽年百歲。過是報後當生無憂國土，壽命不可計劫；後成佛果，廣度人天，數如恒河沙。』」

佛告定自在王：「爾時，羅漢福度光目者，即無盡意菩薩是；光目母者，即解脫菩薩是；光目女者，即地藏菩薩是，過去久遠劫中如是慈愍，發恒河沙願廣度衆生。未來世中，若有男子、女人不行善者，行惡者，乃至不信因果者，邪婬、妄語者，兩舌、惡口者，毀謗大乘者，如是諸業衆生必墮惡趣；若遇善知識勸，令一彈指間，歸依地藏菩薩，是諸衆生即得解脫三惡道報。若能志心歸敬及瞻禮讚歎，香華、衣服、種種珍寶或復飲食，如是奉事者，未來百千萬億劫中，常在諸天受勝妙樂。若天福盡，下生人間，猶百千劫常為帝王，能憶宿命因果本末。定自在王！如是地藏菩薩有如此不可思議大威神力，廣利衆生，汝等諸菩薩當記是經，廣宣流布。」

定自在王白佛言：「世尊！願不有慮。我等千萬億菩薩摩訶薩必能承佛威神，廣演是經，於閻浮提利益衆生。」定自在王菩薩白世尊已，合掌恭敬，作禮而退。

爾時，四方天王俱從座起，合掌恭敬，白佛言：「世尊！地藏菩薩於久遠劫來，發如是大願，云何至今猶度未絕，更發廣大誓言？唯願世尊為我等說。」

佛告四天王：「善哉！善哉！吾今為汝及未來、現在天人衆等廣利益故，說地藏菩薩，於娑婆世界閻浮提內生死道中，慈哀救拔，度脫一切罪苦衆生方便之事。」

四天王言：「唯然！世尊！願樂欲聞。」

佛告四天王：「地藏菩薩久遠劫來迄至于今，度脫衆生猶未畢願，慈愍此世罪苦衆生，復觀未來無量劫中因蔓不斷。以是之故，又發重願，如是菩薩於娑婆世界閻浮提中，百千萬億方便而為教化。四天王！地藏菩薩若遇殺生者，說宿殃短命報；若遇竊盜者，說貧窮苦楚報；若遇邪婬者，說雀鴿鴛鴦報；若遇惡口者，說眷屬鬥諍報；若遇毀謗者，說無舌瘡口報；若遇瞋恚者，說醜陋癃殘報；若遇慳悋者，說所求違願報；若遇飲食無度者，說飢渴咽病報；若遇畋獵恣情者，說驚狂喪命報；若遇悖逆父母者，說天地災殺報；若遇燒山林木者，說狂迷取死報；若遇前後父母惡毒者，說返生鞭撻現受報；若遇網捕生雛者，說骨肉分離報；若遇毀謗三寶者，說盲聾瘖瘂報；若遇輕法慢教者，說永處惡道報；若遇破用常住者，說億劫輪迴地獄報；若遇污梵誣僧者，說永在畜生報；若遇湯火斬斫傷生者，說輪迴遞償報；若遇破戒齋者，說禽獸飢餓報；若遇非理毀用者，說所求闕絕報；若遇吾我貢高者，說卑使下賤報；若遇兩舌鬥亂者，說無舌百舌報；若遇邪見者，說邊地受生報。如是等閻浮提眾生，身、口、意業惡習結果，百千報應，今麤略說，如是等閻浮提眾生業感差別，地藏菩薩百千方便而教化之。是諸眾生先受如是等報，後墮地獄，動經劫數，無有出期，是故汝等護人護國，無令是諸眾業迷惑眾生。」四天王聞已，涕淚悲歎，合掌而退。

地獄名號品第五

爾時，普賢菩薩摩訶薩白地藏菩薩言：「仁者！願為天、龍、四眾及未來、現在一切眾生，說娑婆世界及閻浮提罪苦眾生所受報處，地獄名號及惡報等事，使未來世末法眾生知是果報。」

地藏答言：「仁者！我今承佛威神及大士之力，略說地獄名號及罪報惡報之事。仁者！閻浮提東方，有山號曰鐵圍，其山黑邃無日月光，有大地獄號極無間，又有地獄名大阿鼻，復有地獄名曰四角，復有地獄名曰飛刀，復有地獄名曰火箭，復有地獄名曰夾山，復有地獄名曰通槍，復有地獄名曰鐵車，復有地獄名曰鐵床，復有地獄名曰鐵牛，復有地獄名曰鐵衣，復有地獄名曰千刃，復有地獄名曰鐵驢，復有地獄名曰洋銅，復有地獄名曰抱柱，復有地獄名曰流火，復有地獄名曰耕舌，復有地獄名曰剉首，復有地獄名曰燒腳，復有地獄名曰啗眼，復有地獄名曰鐵丸，復有地獄名曰諍論，復有地獄名曰鐵鈇，復有地獄名曰多瞋。」

地藏白言：「仁者！鐵圍之內有如是等地獄，其數無限，更有叫喚地獄、拔舌地獄、糞尿地獄、銅鎖地獄、火象地獄、火狗地獄、火馬地獄、火牛地獄、火山地獄、火石地獄、火床地獄、火梁地獄、火鷹地獄、鋸牙地獄、剝皮地獄、飲血地獄、燒手地獄、燒腳地獄、倒刺地獄、火屋地獄、鐵屋地獄、火狼地獄。如是等地獄，其中各各復有諸小地獄，或一、或二、或三、或四，乃至百千，其中名號各各不同。」

地藏菩薩告普賢菩薩言：「仁者！此者皆是南閻浮提行惡眾生，業感如是，業力甚大，能敵須彌，能深巨海，能障聖道。是故，眾生莫輕小惡以為無罪，死後有報纖毫受之。父子至親岐路各別，縱然相逢無肯代受。我今承佛威力，略說地獄罪報之事，唯願仁者暫聽是言。」

普賢答言：「吾以久知三惡道報，望仁者說，令後世末法一切惡行眾生聞仁者說，使令歸佛。」

地藏白言：「仁者！地獄罪報其事如是：或有地獄取罪人舌使牛耕之，或有地獄取罪人心夜叉食之，或有地獄鑊湯盛沸煮罪人身，或有地獄赤燒銅柱使罪人抱，或有地獄使諸火燒趁及罪人，或有地獄一向寒水，或有地獄無限糞尿，或有地獄純飛鏃鏫，或有地獄多攢火槍，或有地獄唯撞胸背，或有地獄但燒手足，或有地獄盤繳鐵蛇，或有地獄驅逐鐵狗，或有地獄盡駕鐵騾。仁者！如是等報，各各獄中有百千種，業道之器無非是銅、是鐵、是石、是火，此四種物衆業行感。若廣說地獄罪報等*事，一一獄中更有百千種苦楚，何況多獄！我今承佛威神及仁者問，略說如是，若廣解說，窮劫不盡。」

如來讚歎品第六

爾時，世尊舉身放大光明，遍照百千萬億恒河沙等諸佛世界，出大音聲，普告諸佛世界一切諸菩薩摩訶薩及天、龍、鬼、神、人非人等：「聽吾今日稱揚讚歎地藏菩薩摩訶薩，於十方世界現大不可思議威神慈悲之力，救護一切罪苦之事。吾滅度後，汝等諸菩薩大士及天、龍、鬼、神等，廣作方便，衞護是經，令一切衆生證涅槃樂。」

說是語已，會中有一菩薩，名曰普廣，合掌恭敬，而白佛言：「今見世尊讚歎地藏菩薩，有如是不可思議大威神德，唯願世尊為未來世末法眾生，宣說地藏菩薩利益人天因果等事，使諸天龍八部及未來世眾生頂受佛語。」

爾時，世尊告普廣菩薩及四眾等：「諦聽！諦聽！吾當為汝略說地藏菩薩利益人天福德之事。」

普廣白言：「唯然！世尊！願樂欲聞。」

佛告普廣菩薩：「未來世中，若有善男子、善女人聞是地藏菩薩摩訶薩名者，或合掌者、讚歎者、作禮者、戀慕者，是人超越三十劫罪。普廣！若有善男子、善女人或彩畫形像，或土石、膠漆、金銀、銅鐵作此菩薩，一瞻一禮者，是人百返生於三十三天，永不墮於惡道。假如天福盡故下生人間，猶為國王，不失大利。若有女人厭女人身，盡心供養地藏菩薩畫像，及土石、膠漆、銅鐵等像，如是日日不退，常以華香、飲食、衣服、繒綵、幢旛、錢、寶物等供養，是善女人盡此一報女身，百千萬劫更不生有女人世界，何況復受！除非慈願力故，要受女身，度脫眾生，承斯供養地藏力故及功德力，百千萬劫不受女身。

「復次，普廣！若有女人厭是醜陋、多疾病者，但於地藏像前志心瞻禮，食頃之間，是人千萬劫中所受生身相貌圓滿。是醜陋女人如不厭女身，即百千萬億生中，常為王女乃及王妃、宰輔大姓大長者女，端正受生，諸相圓滿，由志心故，瞻禮地藏菩薩，獲福如是。復次，普廣！若有善男子、善女人能對菩薩像前，作諸伎樂，及歌詠、讚歎、香華供養，乃至勸於一人、多人，如是等輩現在世中及未來世，常得百千鬼神日夜衛護，不令惡事輒聞其耳，何況親受諸橫！

「復次，普廣！未來世中，若有惡人及惡神、惡鬼，見有善男子、善女人，歸敬、供養、讚歎、瞻禮地藏菩薩形像，或妄生譏毀、謗無功德及利益事，或露齒笑，或背面非，或勸人共非，或一人非，或多人非，乃至一念生譏毀者，如是之人，賢劫千佛滅度，譏毀之報尚在阿鼻地獄受極重罪，過是劫已方受餓鬼，又經千劫復受畜生，又經千劫方得人身，縱受人身，貧窮下賤諸根不具，多被惡業來結其心，不久之間復墮惡道。是故，普廣！譏毀他人供養尚獲此報，何況別生惡見毀滅！

「復次，普廣！若未來世有男子、女人久處床枕，求生求死了不可得，或夜夢惡鬼乃及家親，或遊險道，或多魘寐，共鬼神遊，日月歲深轉復尫瘵，眠中叫苦，慘悽不樂者，此皆是業道論對，未定輕重，或難捨壽，或不得愈，男女俗眼不辨是事，但當對諸佛菩薩像前，高聲轉讀此經一遍，或取病人可愛之物，或衣服、寶貝、莊園、舍宅，對病人前高聲唱言：『我某甲等為是病人，對經像前捨諸等物，或供養經像，或造佛、菩薩形像，或造塔寺，或然油燈，或施常住。』如是三白，病人遣令聞知，假令諸識分散至氣盡者，乃至一日、二日、三日、四日至七日已來，但高聲白，高聲讀經，是人命終之後，宿殃重罪至于五無間罪永得解脫，所受生處常知宿命。何況善男子、善女人自書此經，或教人書，或自塑畫菩薩形像，乃至教人塑畫，所受果報必獲大利！是故，普廣！若見有人讀誦是經，乃至一念讚歎是經，或恭敬者，汝須百千方便勸是等人勤心莫退，能得未來、現在千萬億不可思議功德。

「復次，普廣！若未來世諸衆生等，或夢、或寐見諸鬼神，乃及諸形，或悲、或啼、或愁、或歎、或恐、或怖，此皆是一生、十生、百生、千生過去父母、男女、弟妹、夫妻、眷屬，在於惡趣未得出離，無處希望福力救拔，當告宿世骨肉，使作方便，願離惡道。普廣！汝以神力遣是眷屬，令對諸佛、菩薩像前，志心自讀此經，或請人讀，其數三遍或七遍，如是惡道眷屬，經聲畢是遍數，當得解脫，乃至夢寐之中，永不復見。

「復次，普廣！若未來世有諸下賤等人或奴或婢，乃至諸不自由之人，覺知宿業要懺悔者，志心瞻禮地藏菩薩形像，乃至一七日中念菩薩名可滿萬遍！如是等人盡此報後，千萬生中常生尊貴，更不經三惡道苦。

「復次，普廣！若未來世中閻浮提內，刹利婆羅門長者居士一切人等，及異姓種族有新產者，或男、或女，七日之中，早與讀誦此不思議經典，更為念菩薩名可滿萬遍，是新生子或男、或女，宿有殃報便得解脫，安樂易養壽命增長；若是承福生者，轉增安樂及與壽命。

「復次，普廣！若未來世衆生，於月一日、八日、十四日、十五日、十八日、二十三、二十四、二十八、二十九日乃至三十日，是諸日等，諸罪結集，定其輕重。南閻浮提眾生舉止動念，無不是業，無不是罪，何況恣情殺害、竊盜、邪婬、妄語百千罪狀！能於是十齋日，對佛菩薩諸賢聖像前讀是經一遍，東西南北百由旬內無諸災難，當此居家，若長若幼，現在、未來百千歲中，永離惡趣。能於十齋日，每轉一遍，現世令此居家無諸橫病，衣食豐溢。是故，普廣！當知地藏菩薩有如是等不可說百千萬億大威神力利益之事，閻浮眾生於此大士有大因緣，是諸眾生聞菩薩名見菩薩像，乃至聞是經三字、五字，或一偈、一句者，現在殊妙安樂，未來之世百千萬生常得端正，生尊貴家。」

爾時，普廣菩薩聞佛如來稱揚讚歎地藏菩薩已，胡跪合掌，復白佛言：「世尊！我久知是大士有如此不可思議神力及大誓願力，為未來眾生遣知利益故問如來，唯然頂受。世尊！當何名此經，使我云何流布？」

佛告普廣：「此經有三名，一名地藏本願，亦名地藏本行，亦名地藏本誓力經，緣此菩薩久遠劫來，發大重願，利益眾生，是故汝等依願流布。」

普廣聞已，合掌恭敬，作禮而退。

地藏菩薩本願經卷上

地藏菩薩本願經卷下

唐于闐國三藏沙門實叉難陀譯

利益存亡品第七

爾時，地藏菩薩摩訶薩白佛言：「世尊！我觀是閻浮眾生舉心動念無非是罪，脫獲善利多退初心，若遇惡緣念念增益，是等輩人如履泥塗負於重石，漸困漸重足步深邃。若得遇知識替與減負，或全與負，是知識有大力故，復相扶助勸令牢腳，若達平地，須省惡路，無再經歷。

「世尊！習惡眾生從纖毫間便至無量，是諸眾生有如此習，臨命終時，父母眷屬宜為設福，以資前路。或懸旛蓋及然油燈，或轉讀尊經，或供養佛像及諸聖像，乃至念佛、菩薩及辟支佛名字，一名一號歷臨終人耳根，或聞在本識，是諸眾生所造惡業，計其感果必墮惡趣，緣是眷屬為臨終人修此聖因，如是眾罪悉皆銷滅。若能更為身死之後，七七日內廣造眾善，能使是諸眾生永離惡趣，得生人天受勝妙樂，現在眷屬利益無量。是故我今對佛世尊及天、龍八部、人非人等，勸於閻浮提眾生，臨終之日慎勿殺害及造惡緣，拜祭鬼神，求諸魍魎。何以故？爾所殺害乃至拜祭，無纖毫之力利益亡人，但結罪緣轉增深重。假使來世或現在生得獲聖分，生人天中，緣是臨終被諸眷屬造是惡因，亦令是命終人殃累對辯晚生善處，何況臨命終人在生未曾有少善根，各據本業自受惡趣，何忍眷屬更為增業！譬如有人從遠地來，絕糧三日，所負擔物彊過百斤，忽遇隣人更附少物，以是之故轉復困重。世尊！我觀閻浮眾生，但能於諸佛教中，乃至善事一毛、一渧、一沙、一塵，如是利益悉皆自得。」

說是語時，會中有一長者名曰大辯，是長者久證無生化度十方，現長者身，合掌恭敬，問地藏菩薩言：「大士！是南閻浮提眾生命終之後，小大眷屬為修功德，乃至設齋造衆善因，是命終人得大利益及解脫不？」

地藏答言：「長者！我今為未來、現在一切衆生，承佛威力略說是事。長者！未來、現在諸衆生等臨命終日，得聞一佛名、一菩薩名、一辟支佛名，不問有罪、無罪，悉得解脫。若有男子、女人在生不修善因，多造衆罪，命終之後，眷屬小大為造福利，一切聖事七分之中而乃獲一，六分功德生者自利。以是之故，未來、現在善男女等聞健自修，分分已獲，無常大鬼不期而到，冥冥遊神未知罪福，七七日內如癡如聾，或在諸司辯論業果，審定之後據業受生，未測之間千萬愁苦，何況墮於諸惡趣等！是命終人未得受生，在七七日內，念念之間，望諸骨肉眷屬與造福力救拔，過是日後，隨業受報。若是罪人，動經千百歲中，無解脫日；若是五無間罪，墮大地獄，千劫萬劫永受衆苦。

「復次，長者！如是罪業衆生命終之後，眷屬骨肉為修營齋資助業道，未齋食竟及營齋之次，米泔菜葉不棄於地，乃至諸食未獻佛、僧，勿得先食。如有違食及不精勤，是命終人了不得力；如精勤護淨奉獻佛、僧，是命終人七分獲一。

是故，長者！閻浮眾生若能為其父母乃至眷屬命終之後，設齋供養，志心勤懇，如是之人存亡獲利。」

說是語時，忉利天宮有千萬億那由他閻浮鬼神悉發無量菩提之心，大辯長者作禮而退。

閻羅王眾讚歎品第八

爾時，鐵圍山內有無量鬼王，與閻羅天子俱詣忉利，來到佛所，所謂惡毒鬼王、多惡鬼王、大諍鬼王、白虎鬼王、血虎鬼王、赤虎鬼王、散殃鬼王、飛身鬼王、電光鬼王、狼牙鬼王、千眼鬼王、噉獸鬼王、負石鬼王、主耗鬼王、主禍鬼王、主食鬼王、主財鬼王、主畜鬼王、主禽鬼王、主獸鬼王、主魅鬼王、主產鬼王、主命鬼王、主疾鬼王、主險鬼王、三目鬼王、四目鬼王、五目鬼王、祁利失王、大祁利失王、祁利叉王、大祁利叉王、阿那吒王、大阿那吒王，如是等大鬼王，各各與百千諸小鬼王，盡居閻浮提，各有所執，各有所主。是諸鬼王與閻羅天子承佛威神及地藏菩薩摩訶薩力，俱詣忉利，在一面立。

爾時，閻羅天子胡跪合掌白佛言：「世尊！我等今者與諸鬼王承佛威神及地藏菩薩摩訶薩力，方得詣此忉利大會，亦是我等獲善利故。我今有小疑事敢問世尊，唯願世尊慈悲宣說！」

佛告閻羅天子：「恣汝所問，吾為汝說。」

是時，閻羅天子瞻禮世尊，及迴視地藏菩薩，而白佛言：「世尊！我觀地藏菩薩在六道中，百千方便而度罪苦眾生，不辭疲倦，是大菩薩有如是不可思議神通之事，然諸眾生脫獲罪報，未久之間又墮惡道。世尊！是地藏菩薩既有如是不可思議神力，云何眾生而不依止善道永取解脫？唯願世尊為我解說。」

佛告閻羅天子：「南閻浮提眾生其性剛彊，難調難伏，是大菩薩於百千劫頭頭救拔如是眾生，早令解脫。是罪報人乃至墮大惡趣，菩薩以方便力拔出根本業緣，而遣悟宿世之事。自是閻浮眾生結惡習重，旋出旋入，勞斯菩薩，久經劫數而作度脫。譬如有人迷失本家，誤入險道，其險道中多諸夜叉及虎、狼、師子、蚖蛇、蝮蠍，如是迷人在險道中，須臾之間即遭諸毒。有一知識多解大術，善禁是毒，乃及夜叉諸惡毒等，忽逢迷人欲進險道，而語之言：『咄哉！男子！為何事故而入此路？有何異術，能制諸毒？』是迷路人忽聞是語，方知險道，即便退步，求出此路。是善知識提攜接手，引出險道免諸惡毒，至于好道令得安樂，而語之言：『咄哉！迷人！自今已後勿履是道，此路入者卒難得出，復損性命。』是迷路人亦生感重。臨別之時，知識又言：『若見親知及諸路人，若男若女，言於此路，多諸毒惡喪失性命，無令是衆自取其死。』

「是故，地藏菩薩具大慈悲，救拔罪苦衆生，生天人中令受妙樂。是諸罪衆知業道苦，脫得出離，永不再歷，如迷路人誤入險道，遇善知識引接令出，永不復入，逢見他人復勸莫入，自言因是迷故，得解脫竟，更不復入。若再履踐猶尚迷誤，不覺舊曾所落險道，或致失命如墮惡趣，地藏菩薩方便力故使令解脫，生人天中，旋又再入，若業結重，永處地獄，無解脫時。」

爾時，惡毒鬼王合掌恭敬白佛言：「世尊！我等諸鬼王其數無量，在閻浮提，或利益人，或損害人，各各不同，然是業報使我眷屬遊行世界，多惡少善。過人家庭、或城邑、聚落、莊園、房舍，或有男子女人修毛髮善事，乃至懸一旛一蓋，少香少華，供養佛像及菩薩像，或轉讀尊經，燒香供養一句一偈，我等鬼王敬禮是人，如過去、現在、未來諸佛勅諸小鬼各有大力，及土地分便令衛護，不令惡事橫事、惡病橫病，乃至不如意事，近於此舍等處，何況入門！」

佛讚鬼王：「善哉！善哉！汝等及與閻羅能如是擁護善男女等，吾亦告梵王帝釋令衛護汝。」

說是語時，會中有一鬼王名曰主命，白佛言：「世尊！我本業緣主閻浮人命，生時死時我皆主之。在我本願甚欲利益，自是眾生不會我意，致令生死俱不得安。何以故？是閻浮提人初生之時，不問男女，或欲生時，但作善事，增益舍宅，自令土地無量歡喜擁護子母，得大安樂利益眷屬。或已生下，愼勿殺害取諸鮮味，供給產母及廣聚眷屬，飲酒食肉，歌樂絃管，能令子母不得安樂。何以故？是產難時，有無數惡鬼及魍魎精魅欲食腥血，是我早令舍宅土地靈祇荷護子母，使令安樂而得利益。如是之人見安樂故，便合設福答諸土地，翻為殺害集聚眷屬，以是之故，犯殃自受，子母俱損。又閻浮提臨命終人不問善惡，我欲令是命終之人不落惡道，何況自修善根，增我力故！是閻浮提行善之人臨命終時，亦有百千惡道鬼神，或變作父母乃至諸眷屬，引接亡人，令落惡道，何況本造惡者！世尊！如是閻浮提男子、女人臨命終時，神識惛昧，不辯善惡，乃至眼、耳更無見聞，是諸眷屬當須設大供養，轉讀尊經，念佛、菩薩名號，如是善緣能令亡者離諸惡道，諸魔、鬼、神悉皆退散。世尊！一切眾生臨命終時，若得聞一佛名、一菩薩名，或大乘經典一句一偈，我觀如是輩人除五無間殺害之罪，小小惡業合墮惡趣者尋即解脫。」

佛告主命鬼王：「汝大慈故能發如是大願，於生死中護諸眾生。若未來世中，有男子、女人至生死時，汝莫退是願，總令解脫，永得安樂。」

鬼王白佛曰：「願不有慮，我畢是形，念念擁護閻浮眾生，生時死時俱得安樂，但願諸眾生於生死時，信受我語，無不解脫，獲大利益。」

爾時，佛告地藏菩薩：「是大鬼王主命者，已曾經百千生作大鬼王，於生死中擁護衆生，是大士慈悲願故，現大鬼身，實非鬼也！却後過一百七十劫，當得成佛，號曰無相如來，劫名安樂，世界名淨住，其佛壽命不可計劫。地藏！是大鬼王其事如是不可思議，所度天人亦不可限量。」

稱佛名號品第九

爾時，地藏菩薩摩訶薩白佛言：「世尊！我今為未來衆生演利益事，於生死中得大利益，唯願世尊聽我說之。」

佛告地藏菩薩：「汝今欲興慈悲，救拔一切罪苦六道衆生，演不思議事，今正是時，唯當速說，吾即涅槃，使汝早畢是願，吾亦無憂現在、未來一切衆生。」

地藏菩薩白佛言：「世尊！過去無量阿僧祇劫，有佛出世，號無邊身如來，若有男子、女人聞是佛名，暫生恭敬，即得超越四十劫生死重罪，何況塑畫形像供養讚歎！其人獲福無量無邊。又於過去恒河沙劫，有佛出世，號寶性如來，若有男子、女人聞是佛名，一彈指頃，發心歸依，是人於無上道永不退轉。又於過去有佛出世，號波頭摩勝如來，若有男子、女人聞是佛名，歷於耳根，是人當得千返生於六欲天中，何況志心稱念！又於過去不可說不可說阿僧祇劫，有佛出世，號師子吼如來，若有男子、女人聞是佛名，一念歸依，是人得遇無量諸佛摩頂授記。又於過去有佛出世，號拘留孫佛，若有男子、女人聞是佛名，志心瞻禮，或復讚歎，是人於賢劫千佛會中，為大梵王，得授上記。又於過去有佛出世，號毘婆尸，若有男子、女人聞是佛名，永不墮惡道，常生人天受勝妙樂。

「又於過去無量無數恒河沙劫，有佛出世，號寶勝如來，若有男子、女人聞是佛名，畢竟不墮惡道，常在天上，受勝妙樂。又於過去有佛出世，號寶相如來，若有男子、女人聞是佛名，生恭敬心，是人不久得阿羅漢果。又於過去無量阿僧祇劫，有佛出世，號袈裟幢如來，若有男子、女人聞是佛名者，超一百大劫生死之罪。又於過去有佛出世，號大通山王如來，若有男子、女人聞是佛名者，是人得遇恒河沙佛，廣為說法，必成菩提。又於過去有淨月佛、山王佛、智勝佛、淨名王佛、智成就佛、無上佛、妙聲佛、滿月佛、月面佛，有如是等不可說佛。

「世尊！現在、未來一切眾生，若天、若人、若男、若女，但念得一佛名號，功德無量，何況多名！是眾生等生時死時，自得大利，終不墮惡道。若有臨命終人，家中眷屬乃至一人為是病人高聲念一佛名，是命終人除五無間罪，餘業報等悉得銷滅。是五無間罪雖至極重，動經億劫了不得出，承斯臨命終時他人為其稱念佛名，於是罪中亦漸銷滅，何況眾生自稱自念，獲福無量滅無量罪！」

校量布施功德緣品第十

爾時，地藏菩薩摩訶薩承佛威神，從座而起，胡跪合掌，白佛言：「世尊！我觀業道眾生校量布施，有輕有重：有一生受福，有十生受福，有百生、千生受大福利者，是事云何？唯願世尊為我說之。」

爾時，佛告地藏菩薩：「吾今於忉利天宮一切眾會，說閻浮提布施校量功德輕重，汝當諦聽！吾為汝說。」

地藏白佛言：「我疑是事，願樂欲聞。」

佛告地藏菩薩：「南閻浮提有諸國王、宰輔、大臣、大長者、大剎利、大婆羅門等，若遇最下貧窮乃至癃殘瘖瘂聾癡無目，如是種種不完具者，是大國王等欲布施時，若能具大慈悲下心含笑，親手遍布施，或使人施軟言慰喻，是國王等所獲福利，如布施百恒河沙佛功德之利。何以故？緣是國王等於是最貧賤輩及不完具者發大慈心，是故福利有如此報，百千生中常得七寶具足，何況衣食受用！

「復次，地藏！若未來世有諸國王至婆羅門等，遇佛塔寺，或佛形像乃至菩薩、聲聞、辟支佛像，躬自營辦，供養布施，是國王等當得三劫為帝釋身，受勝妙樂。若能以此布施福利迴向法界，是大國王等於十劫中，常為大梵天王。

「復次，地藏！若未來世有諸國王至婆羅門等，遇先佛塔廟，或至經像毀壞破落，乃能發心修補，是國王等或自營辦，或勸他人乃至百千人等布施結緣，是國王等百千生中常為轉輪王身；如是他人同布施者，百千生中常為小國王身。更能於塔廟前發迴向心，如是國王乃及諸人盡成佛道，以此果報無量無邊。

「復次，地藏！未來世中有諸國王及婆羅門等，見諸老病及生產婦女，若一念間具大慈心，布施醫藥、飲食、臥具，使令安樂，如是福利最不思議，一百劫中常為淨居天主，二百劫中常為六欲天主，畢竟成佛，永不墮惡道，乃至百千生中耳不聞苦聲。復次，地藏！若未來世中，有諸國王及婆羅門等能作如是布施，獲福無量，更能迴向不問多少，畢竟成佛，何況釋、梵、轉輪之報！是故，地藏！普勸眾生當如是學。

「復次，地藏！未來世中，若善男子、善女人於佛法中，種少善根，毛髮沙塵等許，所受福利不可為喻。

「復次，地藏！未來世中，若有善男子、善女人遇佛形像、菩薩形像、辟支佛形像、轉輪王形像，布施供養得無量福，常在人天受勝妙樂。若能迴向法界，是人福利不可為喻。

「復次，地藏！未來世中，若有善男子、善女人遇大乘經典，或聽聞一偈一句，發殷重心，讚歎恭敬布施供養，是人獲大果報無量無邊。若能迴向法界，其福不可為喻。

「復次，地藏！若未來世中，有善男子、善女人遇佛塔寺大乘經典，新者布施供養，瞻禮讚歎，恭敬合掌；若遇故者，或毀壞者，修補營理。或獨發心，或勸多人同共發心，如是等輩三十生中，常為諸小國王。檀越之人常為輪王，還以善法，教化諸小國王。

「復次，地藏！未來世中，若有善男子、善女人於佛法中，所種善根，或布施供養，或修補塔寺，或裝理經典，乃至一毛、一塵、一沙、一渧，如是善事，但能迴向法界，是人功德百千生中受上妙藥，如但迴向自家眷屬，或自身利益，如是之果，即三生受樂，捨一得萬報。是故，地藏！布施因緣其事如是。」

地神護法品第十一

爾時，堅牢地神白佛言：「世尊！我從昔來，瞻視頂禮無量菩薩摩訶薩，皆是大不可思議，神通智慧廣度眾生，是地藏菩薩摩訶薩於諸菩薩誓願深重。世尊！是地藏菩薩於閻浮提，有大因緣，如文殊、普賢、觀音、彌勒亦化百千身形，度於六道，其願尚有畢竟。是地藏菩薩教化六道一切眾生，所發誓願劫數如千百億恒河沙。世尊！我觀未來及現在眾生，於所住處於南方清潔之地，以土石、竹木作其龕室，是中能塑畫，乃至金銀銅鐵作地藏形像，燒香供養，瞻禮讚歎，是人居處即得十種利益。何等為十？一者、土地豐壤，二者、家宅永安，三者、先亡生天，四者、現存益壽，五者、所求遂意，六者、無水火災，七者、虛耗辟除，八者、杜絕惡夢，九者、出入神護，十者、多遇聖因。世尊！未來世中及現在眾生，若能於所住處方面，作如是供養，得如是利益。」

復白佛言：「世尊！未來世中，若有善男子、善女人於所住處，有此經典及菩薩像，是人更能轉讀經典，供養菩薩，我常日夜以本神力衞護是人，乃至水火、盜賊、大橫、小橫一切惡事悉皆銷滅。」

佛告堅牢地神：「汝大神力，諸神少及。何以故？閻浮土地悉蒙汝護，乃至草木、沙石、稻麻、竹葦、穀米、寶貝從地而有，皆因汝力。又當稱揚地藏菩薩利益之事，汝之功德及以神通百千倍於常分。地神！若未來世中，有善男子、善女人供養菩薩，及轉讀是經，但依地藏本願經一事修行者，汝以本神力而擁護之，勿令一切災害及不如意事輒聞於耳，何況令受！非但汝獨護是人故，亦有釋、梵眷屬、諸天眷屬擁護是人。何故得如是聖賢擁護？皆由瞻禮地藏形像，及轉讀是本願經故，自然畢竟出離苦海，證涅槃樂，以是之故得大擁護。」

見聞利益品第十二

爾時，世尊從頂門上放百千萬億大毫相光，所謂：白毫相光、大白毫相光、瑞毫相光、大瑞毫相光、玉毫相光、大玉毫相光、紫毫相光、大紫毫相光、青毫相光、大青毫相光、碧毫相光、大碧毫相光、紅毫相光、大紅毫相光、緣毫相光、大緣毫相光、金毫相光、大金毫相光、慶雲毫相光、大慶雲毫相光、千輪毫光、大千輪毫光、寶輪毫光、大寶輪毫光、日輪毫光、大日輪毫光、月輪毫光、大月輪毫光、宮殿毫光、大宮殿毫光、海雲毫光、大海雲毫光。於頂門上放如是等毫相光已，出微妙音，告諸大眾、天龍八部、人非人等：「聽吾今日於忉利天宮，稱揚讚歎地藏菩薩，於人天中利益等事、不思議事、超聖因事、證十地事、畢竟不退阿耨多羅三藐三菩提事。」

說是語時，會中有一菩薩摩訶薩名觀世音，從座而起，胡跪合掌，白佛言：「世尊！是地藏菩薩摩訶薩具大慈悲，憐愍罪苦眾生，於千萬億世界化千萬億身，所有功德及不思議威神之力，我聞世尊與十方無量諸佛異口同音讚歎地藏菩薩云：『正使過去、現在、未來諸佛說其功德，猶不能盡。』向者又蒙世尊普告大眾，欲稱揚地藏利益等事；唯願世尊為現在、未來一切眾生，稱揚地藏不思議事，令天龍八部瞻禮獲福。」

佛告觀世音菩薩：「汝於娑婆世界有大因緣，若天、若龍、若男、若女、若神、若鬼乃至六道罪苦眾生，聞汝名者、見汝形者、戀慕汝者、讚歎汝者，是諸眾生於無上道必不退轉，常生人天，具受妙樂，因果將熟遇佛授記。汝今具大慈悲，憐愍眾生及天、龍八部，聽吾宣說地藏菩藏不思議利益之事，汝當諦聽，吾今說之。」

觀世音言：「唯然！世尊！願樂欲聞。」

佛告觀世音菩薩：「未來、現在諸世界中，有天人受天福盡，有五衰相現，或有墮於惡道之者，如是天人若男、若女，當現相時，或見地藏菩薩形像，或聞地藏菩薩名，一瞻一禮，是諸天人轉增天福，受大快樂，永不墮三惡道報，何況見聞菩薩，以諸香華、衣服、飲食、寶貝、瓔珞布施供養，所獲功德福利無量無邊！

「復次，觀世音！若未來、現在諸世界中，六道眾生臨命終時，得聞地藏菩薩名，一聲歷耳根者，是諸眾生永不歷三惡道苦，何況臨命終時，父母眷屬將是命終人舍宅、財物、寶貝、衣服，塑畫地藏形像，或使病人未終之時，眼耳見聞，知道眷屬將舍宅寶貝等，為其自身，塑畫地藏菩薩形像！是人若是業報合受重病者，承斯功德尋即除愈，壽命增益；是人若是業報命盡，應有一切罪障、業障合墮惡趣者，承斯功德，命終之後，即生人天受勝妙樂，一切罪障悉皆銷滅。

「復次，觀世音菩薩！若未來世有男子、女人，或乳哺時，或三歲、五歲、十歲已下，亡失父母，乃及亡失兄弟姊妹，是人年既長大，思憶父母及諸眷屬，不知落在何趣，生何世界，生何天中，是人若能塑畫地藏菩薩形像，乃至聞名，一瞻一禮，一日至七日，莫退初心，聞名見形，瞻禮供養。是人眷屬假因業故墮惡趣者，計當劫數，承斯男女、兄弟、姊妹塑畫地藏形像瞻禮功德，尋即解脫，生人天中受勝妙樂者，即承斯功德轉增聖因，受無量樂。是人更能三七日中，一心瞻禮地藏形像，念其名字滿於萬遍，當得菩薩現無邊身，具告是人眷屬生界；或於夢中，菩薩現大神力，親領是人，於諸世界見諸眷屬。更能每日念菩薩名千遍，至于千日，是人當得菩薩遣所在土地鬼神終身衞護，現世衣食豐溢，無諸疾苦，乃至橫事不入其門，何況及身！是人畢竟得菩薩摩頂授記。

「復次，觀世音菩薩！若未來世有善男子、善女人，欲發廣大慈心救度一切衆生者、欲修無上菩提者、欲出離三界者，是諸人等見地藏形像及聞名者，至心歸依，或以香華、衣服、寶貝、飲食供養瞻禮，是善男女等所願速成永無障礙。

「復次，觀世音！若未來世有善男子、善女人，欲求現在、未來百千萬億等願，百千萬億等事，但當歸依、瞻禮、供養讚歎地藏菩薩形像，如是所願所求悉皆成就。復願地藏菩薩具大慈悲，永擁護我，是人於睡夢中即得菩薩摩頂授記。

「復次，觀世音菩薩！若未來世善男子、善女人於大乘經典深生珍重，發不思議心，欲讀欲誦，縱遇明師教視令熟，旋得旋忘，動經年月不能讀誦，是善男子等有宿業障未得銷除故，於大乘經典無讀誦性。如是之人聞地藏菩薩名，見地藏菩薩像，具以本心恭敬陳白，更以香華、衣服、飲食一切玩具供養菩薩，以淨水一盞，經一日一夜，安菩薩前，然後合掌請服，迴首向南，臨入口時，至心鄭重服水既畢，慎五辛、酒肉、邪婬、妄語、及諸殺害，一七日或三七日。是善男子、善女人於睡夢中，具見地藏菩薩現無邊身，於是人處授灌頂水，其人夢覺即獲聰明，應是經典一歷耳根，即當永記，更不忘失一句一偈。

「復次，觀世音菩薩！若未來世有諸人等，衣食不足，求者乖願，或多病疾，或多凶衰，家宅不安，眷屬分散，或諸橫事多來忤身，睡夢之間多有驚怖，如是人等聞地藏名，見地藏形，至心恭敬念滿萬遍，是諸不如意事漸漸消滅，即得安樂，衣食豐溢，乃至於睡夢中悉皆安樂。

「復次，觀世音菩薩！若未來世有善男子、善女人，或因治生，或因公私，或因生死，或因急事，入山林中，過渡河海，乃及大水，或經險道，是人先當念地藏菩薩名萬遍，所過土地鬼神衛護，行住坐臥永保安樂，乃至逢於虎狼師子，一切毒害不能損之。」

佛告觀世音菩薩：「是地藏菩薩於閻浮提有大因緣，若說於諸眾生見聞利益等事，百千劫中說不能盡。是故，觀世音！汝以神力流布是經，令娑婆世界眾生百千萬劫永受安樂。」

爾時，世尊而說偈言：

吾觀地藏威神力，恒河沙劫說難盡。見聞瞻禮一念間，利益人天無量事。

若男若女若龍神，報盡應當墮惡道，至心歸依大士身，壽命轉增除罪障。

少失父母恩愛者，未知魂神在何趣，兄弟姊妹及諸親，生長以來皆不識，

或塑或畫大士身，悲戀瞻禮不暫捨，三七日中念其名，菩薩當現無邊體，
示其眷屬所生界，縱墮惡趣尋出離。若能不退是初心，即獲摩頂受聖記。
欲修無上菩提者，乃至出離三界苦，是人既發大悲心，先當瞻禮大士像，
一切諸願速成就，永無業障能遮止。有人發心念經典，欲度群迷超彼岸，
雖立是願不思議，旋讀旋忘多廢失，斯人有業障惑故，於大乘經不能記，
供養地藏以香華，衣服飲食諸玩具，以淨水安大士前，一日一夜求服之，
發殷重心慎五辛，酒肉邪淫及妄語，三七日內勿殺害，至心思念大士名，
即於夢中見無邊，覺來便得利根耳，應是經教歷耳聞，千萬生中永不忘，
以是大士不思議，能使斯人獲此慧。貧窮衆生及疾病，家宅凶衰眷屬離，
睡夢之中悉不安，求者乖違無稱遂，至心瞻禮地藏像，一切惡事皆消滅，
至於夢中盡得安，衣食豐饒神鬼護。欲入山林及渡海，毒惡禽獸及惡人，
惡神惡鬼並惡風，一切諸難諸苦惱，但當瞻禮及供養，地藏菩薩大士像，
如是山林大海中，應是諸惡皆消滅。觀音至心聽吾說，地藏無盡不思議，

百千萬劫說不周，廣宣大士如是力。地藏名字人若聞，乃至見像瞻禮者，
香華衣服飲食奉，供養百千受妙樂。若能以此迴法界，畢竟成佛超生死，
是故觀音汝當知，普告恒沙諸國土。

囑累人天品第十三

爾時，世尊舉金色臂，又摩地藏菩薩摩訶薩頂，而作是言：「地藏！地藏！汝之神力不可思議！汝之慈悲不可思議！汝之智慧不思議！汝之辯才不可思議！正使十方諸佛讚歎宣說汝之不思議事，千萬劫中不能得盡。地藏！地藏！記吾今日在忉利天中，於百千萬億不可說不可說一切諸佛、菩薩、天龍八部大會之中，再以人天諸眾生等未出三界在火宅中者，付囑於汝，無令是諸眾生墮惡趣中一日一夜，何況更落五無間及阿鼻地獄，動經千萬億劫無有出期！地藏！是南閻浮提眾生志性無定，習惡者多，縱發善心須臾即退，若遇惡緣念念增長；以是之故，吾分是形百千億化度，隨其根性而度脫之。地藏！吾今殷勤以天人眾付囑於汝，

未來之世若有天人及善男子、善女人，於佛法中種少善根，一毛、一塵、一沙、一渧，汝以道力擁護是人，漸修無上，勿令退失。復次，地藏！未來世中，若天、若人隨業報應，落在惡趣，臨墮趣中，或至門首，是諸眾生若能念得一佛名、一菩薩名，一句一偈大乘經典，是諸眾生汝以神力方便救拔，於是人所現無邊身，為碎地獄，遣令生天受勝妙樂。」爾時，世尊而說偈言：

現在未來天人眾，吾今殷勤付囑汝，以大神通方便度，勿令墮在諸惡趣。

爾時，地藏菩薩摩訶薩胡跪合掌，白佛言：「世尊！唯願世尊不以為慮！未來世中，若有善男子、善女人於佛法中，一念恭敬，我亦百千方便度脫是人，於生死中速得解脫，何況聞諸善事，念念修行，自然於無上道永不退轉！」

說是語時，會中有一菩薩名虛空藏，白佛言：「世尊！我自至忉利，聞於如來讚歎地藏菩薩威神勢力不可思議。未來世中，若有善男子、善女人乃及一切天龍聞此經典，及地藏名字，或瞻禮形像，得幾種福利？唯願世尊為未來、現在一切眾等略而說之。」

佛告虛空藏菩薩：「諦聽！諦聽！吾當為汝分別說之。若未來世有善男子、善女人見地藏形像，及聞此經乃至讀誦，香華、飲食、衣服、珍寶布施供養，讚歎瞻禮，得二十八種利益：一者、天龍護念，二者、善果日增，三者、集聖上因，四者、菩提不退，五者、衣食豐足，六者、疾疫不臨，七者、離水火災，八者、無盜賊厄，九者、人見欽敬，十者、神鬼助持，十一者、女轉男身，十二者、為王臣女，十三者、端正相好，十四者、多生天上，十五者、或為帝王，十六者、宿智命通，十七者、有求皆從，十八者、眷屬歡樂，十九者、諸橫銷滅，二十者、業道永除，二十一者、去處盡通，二十二者、夜夢安樂，二十三者、先亡離苦，二十四者、宿福受生，二十五者、諸聖讚歎，二十六者、聰明利根，二十七者、饒慈愍心，二十八者、畢竟成佛。復次，虛空藏菩薩！若現在、未來天龍鬼神聞地藏名，禮地藏形，或聞地藏本願事行，讚歎瞻禮，得七種利益：一者、速超聖地，二者、惡業銷滅，三者、諸佛護臨，四者、菩提不退，五者、增長本力，六者、宿命皆通，七者、畢竟成佛。」

爾時，十方一切諸來不可說不可說諸佛如來及大菩薩、天龍八部，聞釋迦牟尼佛稱揚讚歎地藏菩薩大威神力不可思議，歎未曾有。是時，忉利天雨無量香華、天衣、珠瓔，供養釋迦牟尼佛及地藏菩薩已，一切衆會俱復瞻禮，合掌而退。

地藏菩薩本願經卷下

占察善惡業報經

占察善惡業報經卷上出六根聚經中

天竺三藏菩提燈譯

如是我聞：一時，婆伽婆一切智人在王舍城耆闍崛山中，以神通力，示廣博嚴淨無礙道場，與無量無邊諸大衆俱，演說甚深根聚法門。

爾時會中有一菩薩，名堅淨信，從坐而起，整衣服，偏袒右肩，合掌白佛言：「我今於此衆中，欲有所問，諮請世尊，願垂聽許！」

佛言：「善男子！隨汝所問，便可說之。」

堅淨信菩薩言：「如佛先說：『若我去世，正法滅後，像法向盡，及入末世，如是之時，衆生福薄，多諸衰惱，國土數亂，災害頻起，種種厄難，怖懼逼擾。我諸弟子失其善念，唯長貪、瞋、嫉妬、我慢。設有像似行善法者，但求世間利養名稱，以之為主，不能專心修出要法。爾時衆生覩世災亂，心常怯弱，憂畏己身及諸親屬，不得衣食充養軀命。以如此等衆多障礙因緣故，於佛法中鈍根少信，得道者極少。乃至漸漸於三乘中，信心成就者，亦復甚尠。所有修學世間禪定，發諸通業，自知宿命者，次轉無有。如是於後，入末法中，經久得道，獲信禪定通業等，一切全無。』我今為此未來惡世，像法向盡及末法中，有微少善根者，請問如來，設何方便，開化示導，令生信心，得除衰惱？以彼衆生遭值惡時，多障礙故，退其善心。於世間、出世間因果法中，數起疑惑，不能堅心專求善法，如是衆生，可愍可救。世尊大慈，一切種智，願興方便而曉喻之，令離疑網，除諸障礙，信得增長，隨於何乘，速獲不退。」

佛告堅淨信言：「善哉！善哉！快問斯事，深適我意。今此衆中，有菩薩摩訶薩，名曰地藏，汝應以此事而請問之。彼當為汝建立方便，開示演說，成汝所願。」

時，堅淨信菩薩復白佛言：「如來世尊無上大智，何意不說，乃欲令彼地藏菩薩而演說之?」

佛告堅淨信:「汝莫生高下想。此善男子發心已來，過無量無邊不可思議阿僧祇劫，久已能度薩婆若海，功德滿足;但依本願自在力故，權巧現化，影應十方。雖復普遊一切剎土，常起功業，而於五濁惡世，化益偏厚，亦依本願力所熏習故，及因衆生應受化業故也。彼從十一劫來莊嚴此世界，成熟衆生。是故在斯會中，身相端嚴威德殊勝，唯除如來無能過者。又於此世界所有化業，唯除遍吉、觀世音等，諸大菩薩皆不能及。以是菩薩本誓願力，速滿衆生一切所求，能滅衆生一切重罪，除諸障礙，現得安隱。又，是菩薩名為善安慰說者，所謂巧演深法，能善開導初學發意求大乘者，令不怯弱。以如是等因緣，於此世界衆生渴仰，受化得度，是故我今令彼說之。」

爾時，堅淨信菩薩既解佛意已，尋即*勸請地藏菩薩摩訶薩言:「善哉!救世真士!善哉!大智開士!如我所問，惡世衆生以何方便而化導之，使離諸障，得堅固信?如來今者，為欲令汝說是方便，宜當知時，哀愍為說。」

爾時，地藏菩薩摩訶薩語堅淨信菩薩摩訶薩言：「善男子！諦聽！當為汝說。若佛滅後惡世之中，諸有比丘、比丘尼、優婆塞、優婆夷，於世間、出世間因果法[1]，未得決定信，不能修學無常想、苦想、無我想、不淨想成就現前，不能勤觀四聖諦法，及十二因緣法，亦不勤觀真如、實際、無生、無滅等法。以不勤觀如是法故，不能畢竟不作十惡根本過罪，於三寶功德種種境界，不能專信，於三乘中皆無定向。如是等人，若有種種諸障礙事，增長憂慮，或疑或悔，於一切處，心不明了，多求多惱，衆事牽纏，所作不定，思想擾亂，廢修道業。有如是等障難事者，當用木輪相法，占察善惡宿世之業，現在苦樂吉凶等事，緣合故有，緣盡則滅。業集隨心，相現果起，不失不壞，相應不差，如是諦占善惡業報，曉喻自心，於所疑事，以取決了。若佛弟子，但當學習如此相法，至心歸依，所觀之事，無不*成者☆。不應棄捨如是之法，而返隨逐世間卜筮種種占相吉凶等事，貪著樂習，若樂習者，深障聖道。

「善男子！欲學木輪相者，先當刻木如小指許，使長短減於一寸，正中令其四面方平，自餘向兩頭斜漸去之，仰手傍擲，令使易轉，因是義故，說名為輪。又依此相，能破壞眾生邪見疑網，轉向正道，到安隱處，是故名輪。其輪相者，有三種差別。何等為三？一者、輪相能示宿世所作善惡業種差別，其輪有十。二者、輪相能示宿世集業久近所作強弱大小差別，其輪有三。三者、輪相能示三世中受報差別，其輪有六。若欲觀宿世所作善惡業差別者，當刻木為十輪，依此十輪，書記十善之名。一善主在一輪，於一面記。次以十惡書對十善，令使相當，亦各記在一面。言十善者，則為一切眾善根本，能攝一切諸餘善法。言十惡者，亦為一切眾惡根本，能攝一切諸餘惡法。

「若欲占此輪相者，先當學至心總禮十方一切諸佛，因即立願，願令十方一切眾生，速疾皆得親近供養，諮受正法。次應學至心敬禮十方一切法藏，因即立願，願令十方一切眾生，速疾皆得受持、讀誦，如法修行，及為他說。次當學至心敬禮十方一切賢聖，因即立願，願令十方一切眾生，速疾皆得親近供養，發菩提心，志不退轉。後應學至心禮我地藏菩薩摩訶薩，因即立願，願令十方一切眾生，速得除滅惡業重罪，離諸障礙，資生眾具悉皆充足。如是禮已，隨所有香華等，當修供養。修供養者，*憶念一切佛、法、僧寶，體常遍滿，無所不在；願令此香華，等同法性，普熏一切諸佛剎土，施作佛事。又念十方一切供具無時不有，我今當以十方所有一切種種香華、瓔珞、幢幡、寶蓋諸珍妙飾，種種音樂、燈明、燭火、飲食、衣服、臥具、湯藥，乃至十方所有一切種種莊嚴供養之具，憶想遙擬，普共眾生，奉獻供養。*常念一切世界中有修供養者，我今隨喜，若未修供養者，願得開導，令修供養。又願我身速能遍至一切剎土，於一切佛、法、僧所各以一切種莊嚴供養之具，共一切眾生等持奉獻，供養一切諸佛法身、色身、舍利、形像、浮圖、廟塔、一切佛事，供養一切所有法藏及說法處，供養一切賢聖僧眾，願共一切眾生修行。如是供養已，漸得成就六波羅蜜、四無量心，深知一切法本來寂靜，無生無滅，一味平等，離念清淨，畢竟圓滿。

「又應別復係心供養我地藏菩薩摩訶薩，次當稱名，若默誦念，一心告言：『南無地藏菩薩摩訶薩。』如是稱名，滿足至千。經千念已，而作是言：『地藏菩薩摩訶薩大慈大悲！唯願護念我及一切眾生，速除諸障，增長淨信，令今所觀，稱實相應。』作此語已，然後手執木輪，於淨物上而傍擲之。如是欲自觀法，若欲觀他，皆亦如是。應知占其輪相者，隨所現業，悉應一一諦觀思驗，或純具十善，或純具十惡，或善惡交雜，或純善不具，或純惡不具。如是業因種類不同，習氣果報各各別異，如佛世尊餘處廣說。應當憶念、思惟觀察所現業種，與今世果報所經苦樂吉凶等事，及煩惱業習，得相當者，名為相應。若不相當者，謂不至心，名虛謬也。若占輪相，其善惡業俱不現者，此人已證無漏智心，專求出離，不復樂受世間果報，諸有漏業展轉微弱，更不增長，是故不現。又純善不具、純惡不具者，此二種人，善惡之業所有不現者，皆是微弱，未能牽果，是故不現。若當來世，佛諸弟子已占善惡果報得相應者，於五欲眾具得稱意時，勿當自縱，以起放逸，即應思念：『由我宿世如是善業故，今獲此報。我今乃可轉更進修，不應休止。』若遭眾厄種種衰惱不吉之事，擾亂憂怖，不稱意時，應當甘受，無令疑悔，退修善業，即當思念：『但由我宿世造如是惡業故，今獲此報。我今應當悔彼惡業，專修對治，及修餘善，無得止住懈怠放逸，轉更增集種種苦聚。』是名占察初輪相法。

「善男子！若欲占察過去往昔集業久近所作強弱大小差別者，當復刻木為三輪，以身、口、意各主一輪，書字記之。又於輪正中一面書一畫，令麁長使徹畔。次第二面書一畫，令細短使不至畔。次第三面作一傍刻如畫，令其麁深。次第四面亦作傍刻，令使細淺。當知善業莊嚴，猶如畫飾，惡業衰害，猶如損刻。其畫長大者，顯示積善來久，行業猛利，所作增上；其畫細短者，顯示積善來近，始習基鈍，所作微薄。其刻麁深者，顯示習惡來久，所作增上，餘殃亦厚；其刻細淺者，顯示退善來近，始習惡法，所作之業未至增上，或雖起重惡，已曾改悔，此謂小惡。善男子！若占初輪相者，但知宿世所造之業善惡差別，而不能知積習久近所作之業強弱大小，是故須占第二輪相。若占第二輪相者，當依初輪相中所現之業，若屬身者，擲身輪相；若屬口者，擲口輪相；若屬意者，擲意輪相。不得以此三輪之相，一擲通占。應當隨業主念一一善惡，依所屬輪，別擲占之。

「復次！若占初輪相中，唯得身之善，於此第二輪相中得身惡者，謂無至心，不得相應，名虛謬也。又復不相應者，謂占初輪相中，得不殺業，及得偷盜業，意先主觀不殺業，而於第二輪相中，得身惡者，名不相應。復次，若觀現在從生以來，不樂殺業，無造殺罪，但意主殺業，而於此第二輪相中，得身大惡者，謂名不相應。自餘口、意中業不相應義，亦如是應知。

「善男子！若未來世諸衆生等，欲求度脫生老病死，始學發心修習禪定無相智慧者，應當先觀宿世所作惡業多少及以輕重。若惡業多厚者，不得即學禪定智慧，應當先修懺悔之法。所以者何？此人宿習惡心猛利故，於今現在，必多造惡，毀犯重禁。以犯重禁故，若不懺悔令其清淨而修禪定智慧者，則多有障礙，不能剋獲，或失心錯亂，或外邪所惱，或納受邪法，增長惡見，是故當先修懺悔法。若戒根清淨，及宿世重罪得微薄者，則離諸障。善男子！欲修懺悔法者，當住靜處，隨力所能，莊嚴一室，內置佛事，及安經法，懸繒幡蓋，求集香華，以修供養，澡沐身體，及洗衣服，勿令臭穢。於晝日分，在此室內，三時稱名，一心敬禮過去七佛，及五十三佛。次隨十方面，一一總歸擬心遍禮一切諸佛所有色身、舍利、形像、浮圖、廟塔，一切佛事。次復總禮十方三世所有諸佛，又當擬心遍禮十方一切法藏，次當擬心遍禮十方一切賢聖，然後更別稱名，禮我地藏菩薩摩訶薩。

「如是禮已，應當說所作罪，一心仰告：『唯願十方諸大慈尊證知護念，我今懺悔，不復更造。願我及一切衆生，速得除滅無量劫來十惡、四重、五逆、顛倒，謗毀三寶，一闡提罪。』復應思惟：『如是罪性，但從虛妄顛倒心起，無有定實而可得者，本唯空寂。願我及一切衆生，速達心本，永滅罪根。』次應復發勸請之願：『願令十方一切菩薩未成正覺者，願速成正覺，若已成正覺者，願常住在世，轉正法輪，不入涅槃。』次當復發隨喜之願：『願我及一切衆生，畢竟永捨嫉妬之心，於三世中一切剎土，所有修學一切功德及成就者，悉皆隨喜。』次當復發迴向之願：『願我所修一切功德，資益一切諸衆生等，同趣佛智，至涅槃城。』如是發迴向願已，復往餘靜室，端坐一心，若稱誦、若默念我之名號。

當減省睡眠，若惛蓋多者，應於道場室中旋遶誦念，次至夜分時，若有燈燭光明事者，亦應三時恭敬供養，悔過發願，若不能辦光明事者，應當直在餘靜室中，一心誦念。日日如是行懺悔法，勿令懈廢。若人宿世遠有善基，暫時遇惡因緣而造惡法，罪障輕微，其心猛利，意力強者，經七日後，即得清淨，除諸障礙。如是衆生等，業有厚薄，諸根利鈍，差別無量，或經二七日後而得清淨，或經三七日，乃至或經七七日後而得清淨，若過去、現在俱有增上種種重罪者，或經百日而得清淨，或經二百日乃至或經千日而得清淨。若極鈍根，罪障最重者，但當能發勇猛之心，不顧惜身命想，常勤稱念，晝夜旋遶，減省睡眠，禮懺發願，樂修供養，不懈不廢，乃至失命，要不休退，如是精進，於千日中，必獲清淨。善男子！若欲知得清淨相者，從始修行，過七日後，應當日日於晨朝旦，以第二輪相，具安手中，頻三擲之，若身、口、意皆純善者，名得清淨。

「如是未來諸衆生等，能修行懺悔者，從先過去久遠以來，於佛法中，各曾習善，隨其所修何等功德，業有厚薄，種種別異，是故彼等得清淨時，相亦不同。或有眾生得三業純善時，①即更得諸餘好相。或有眾生得三業善相時，於一日一夜中，復見光明遍滿其室。或聞殊特異好香氣，身意快然。或作善夢，夢中見佛色身，來為作證，手摩其頭，歎言：『善哉！汝今清淨，我來證汝。』或夢見菩薩身來為作證，或夢見佛形像放光而為作證。若人未得三業善相，但先見聞如此諸事者，則為虛妄誑惑詐偽，非善相也。若人曾有出世善基，攝心猛利者，我於爾時，隨所應度而為現身，放大慈光，令彼安隱，離諸疑怖，或示神通種種變化，或復令彼自憶宿命所*經之事，所作善惡，或復隨其所樂，為說種種深要之法；彼人即時於所向乘，得決定信，或漸證獲沙門道果。

「復次！彼諸眾生，若雖未能見我化身轉變說法，但當學至心使身、口、意得清淨相已，我亦護念，令彼眾生，速得消滅種種障礙。天魔波旬不來破壞，乃至九十五種外道邪師，一切鬼神，亦不來亂，所有五蓋，展轉輕微，堪能修習諸禪智慧。

「復次！若未來世諸眾生等，雖不為求禪定智慧出要之道，但遭種種眾厄，貧窮困苦憂惱逼迫者，亦應恭敬禮拜供養，悔所作惡，恒常發願，於一切時、一切處勤心稱誦我之名號，令其至誠，亦當速脫種種衰惱，捨此命已，生於善處。

「復次，未來之世，若在家、若出家諸眾生等，欲求受清淨妙戒，而先已作增上重罪不得受者，亦當如上修懺悔法，令其至心得身、口、意善相已，即應可受。若彼眾生欲習摩訶衍道，求受菩薩根本重戒，及願總受在家、出家一切禁戒，所謂攝律儀戒、攝善法戒、攝化眾生戒，而不能得善好戒師，廣解菩薩法藏先修行者，應當至心於道場內恭敬供養，仰告十方諸佛菩薩請為師證，一心立願，稱辯戒相，先說十根本重戒，次當總舉三種戒聚，自誓而受，此亦得戒。

「復次，未來世諸眾生等，欲求出家及已出家，若不能得善好戒師，及清淨僧眾，其心疑惑，不得如法受於禁戒者，但能學發無上道心，亦令身、口、意得清淨已。其未出家者，應當剃髮，被服法衣，如上立願，自誓而受菩薩律儀三種戒聚，則名具獲波羅提木叉出家之戒，名為比丘、比丘尼，即應推求聲聞律藏，及菩薩所習摩德勒伽藏，受持讀誦，觀察修行。若雖出家，而其年未滿二十者，應當先誓願受十根本戒，及受沙彌、沙彌尼所有別戒。既受戒已，亦名沙彌、沙彌尼，即應親近供養給侍先舊出家學大乘心具受戒者，求為依止之師，請問教戒，修行威儀，如沙彌、沙彌尼法。若不能值如是之人，唯當親近菩薩所修摩德勒伽藏，讀誦思惟，觀察修行，慇懃供養佛、法、僧寶。若沙彌尼年已十八者，亦當自誓受毘尼藏中式叉摩那六戒之法，及遍學比丘尼一切戒聚。其年若滿二十時，乃可如上總受菩薩三種戒聚，然後得名◎比丘☆、比丘尼。若彼衆生，雖學懺悔，不能至心，不獲善相者，設作受*想，不名得戒。」

爾時，堅淨信菩薩摩訶薩問地藏菩薩摩訶薩言：「所說至心者，差別有幾種？何等至心，能獲善相？」

地藏菩薩摩訶薩言：「善男子！我所說至心者，略有二種。何等為二？一者、初始學習求願至心，二者、攝意專精，成就勇猛，相應至心。得此第二至心者，能獲善相，此第二至心，復有下、中、上三種差別。何等為三？一者、一心，所謂係想不亂，心住了了；二者、勇猛心，所謂專求不懈，不顧身命；三者、深心，所謂與法相應，究竟不退。若人修習此懺悔法，乃至不得下至心者，終不能獲清淨善相，是名說占第二輪法。

「善男子！若欲占察三世中受報差別者，當復刻木為六輪。於此六輪，以一、二、三、四、五、六、七、八、九、十、十一、十二、十三、十四、十五、十六、十七、十八等數，書字記之。一數主一面，各書三面，令數次第不錯不亂。當知如此諸數，皆從一數而起，以一為本。如是數相者，顯示一切眾生六根之聚，皆從如來藏自性清淨心一實境界而起，依一實境界以之為本。所謂依一實境界故，有彼無明，不了一法界，謬念思惟，現妄境界，分別取著，集業因緣，生眼、耳、鼻、舌、身、意等六根。以依內六根故，對外色、聲、香、味、觸、法等六塵，起眼、耳、鼻、舌、身、意等六識。以依六識故，於色、聲、香、味、觸、法中，起違想、順想、非違非順等想，生十八種受。若未來世佛諸弟子，於三世中所受果報，欲使決疑意者，應當三擲此第三輪相，占計合數，依數觀之，以定善惡。如是所觀三世果報善惡之相，有一百八十九種。何等為一百八十九種？

一者、求上乘得不退。二者、所求果現當證。三者、求中乘得不退。四者、求下乘得不退。五者、求神通得成就。六者、修四梵得成就。七者、修世禪得成就。八者、所欲受得妙戒。九者、所曾受得戒具。十者、求上乘未住信。十一者、求中乘未住信。十二者、求下乘未住信。十三者、所觀人為善友。十四者、隨所聞是正*法。十五者、所觀人為惡友。十六者、隨所聞非正教。十七者、所觀人有實德。十八者、所觀人無實德。十九者、所觀義不錯謬。二十者、所觀義是錯謬。二十一者、有所誦不錯謬。二十二者、有所誦是錯謬。二十三者、所修行不錯謬。二十四者、所見聞是善相。二十五者、有所證為正實。二十六者、有所學是錯謬。二十七者、所見聞非善相。二十八者、有所證非正法。二十九者、有所獲邪神持。三十者、所能說邪智辯。三十一者、所玄知非人力。三十二者、應先習觀智道。三十三者、應先習禪定道。三十四者、觀所學無障礙。三十五者、觀所學是所宜。三十六者、觀所學非所宜。三十七者、觀所學是宿習。三十八者、觀所學非宿習。三十九者、觀所學善增長。四十者、觀所學方便少。四十一者、觀所學無進趣。四十二者、所求果現未得。四十三者、求出家當得去。四十四者、求聞法得教示。四十五者、求經卷得讀誦。四十六者、觀所作是魔事。四十七者、觀所作事成就。四十八者、觀所作事不成。四十九者、求大富財盈滿。五十者、求官位當得獲。五十一者、求壽命得延年。五十二者、求世仙當得獲。五十三者、觀學問多所達。五十四者、觀學問少所達。五十五者、求師友得如意。五十六者、求弟子得如意。五十七者、求父母得如意。五十八者、求男女得如意。五十九者、求妻妾得如意。六十者、求同伴得如意。六十一者、觀所慮得和合。六十二者、所觀人心懷恚。六十三者、求無恨得歡喜。六十四者、求和合得如意。六十五者、所觀人心歡喜。六十六者、所思人得會見。六十七者、所思人不復會。六十八者、所請喚得來集。六十九者、所憎惡得離之。七十者、所愛敬得近之。七十一者、觀欲聚得和集。七十二者、觀欲聚不和集。七十三者、所請喚不得來。七十四者、所期人必當至。七十五者、所期人住不來。七十六者、所觀人得安吉。七十七者、所觀人不安吉。七十八者、所觀人已無身。七十九者、所望見得覩之。八十者、所求覓得見之。八十一者、求所聞得吉語。八十二者、所求見不如意。八十三者、觀所疑即為實。八十四者、觀所疑為不實。八十五者、所觀人不和合。八十六者、求佛事當得獲。八十七者、求供具當得獲。八十八者、求資生得如意。八十九者、求資生少得獲。九十者、有所求皆當得。九十一者、有所求皆不得。九十二者、有所求少得獲。九十三者、有所求得如意。九十四者、有所求速當得。九十五者、有所求久當得。九十六者、有所求而損失。九十七者、有所求得吉利。九十八者、有所求而受苦。九十九者、觀所失求當得。一百者、當所失*求不得。一百一者、觀所失自還得。一百二者、求離厄得脫離。一百三者、求離病得除愈。一百四者、觀所去無障礙。一百五者、觀所去有障礙。一百六者、觀所住得安止。一百七者、觀所住不得安。一百八者、所向處得安快。一百九者、所向處有厄難。一百一十者、所向處為魔網。一百一十一者、所向處難開化。一百一十二者、所向處可開化。一百一十三者、所向處自獲利。一百一十四者、所遊路無惱害。一百一十五者、所遊路有惱害。一百一十六者、君民惡饑饉起。一百一十七者、君民惡多疾疫。一百一十八者、君民好國豐樂。一百一十九者、君無道國災亂。一百二十者、君修德災亂滅。一百二十一者、君行惡國將破。一百二十二者、君修善國還立。一百二十三者、觀所避得度難。一百二十四者、觀所避不脫難。一百二十五者、所住處衆安隱。一百二十六者、所住處有障難。一百二十七者、所依聚衆不安。一百二十八者、閑靜處無諸難。一百二十九者、觀怪異無損害。一百三十者、觀怪異有損害。一百三十一者、觀怪異精進安。一百三十二者、觀所夢無損害。一百三十三者、觀所夢有所損。一百三十四者、觀所夢精進安。一百三十五者、觀所夢為吉利。一百三十六者、觀障亂速得離。一百三十七者、觀障亂漸得離。一百三十八者、觀障亂不*得離。一百三十九者、觀障亂一心除。一百四十者、觀所難速得脫。一百四十一者、觀所難久得脫。一百四十二者、觀所難受哀惱。一百四十三者、觀所難精進脫。一百四十四者、觀所難命當盡。一百四十五者、觀所患大不調。一百四十六者、觀所患非人惱。一百四十七者、觀所患合非人。一百四十八者、觀所患可療治。一百四十九者、觀所患難療治。一百五十者、觀所患精進差。一百五十一者、觀所患久長苦。一百五十二者、觀所患自當差。一百五十三者、所向醫堪能治。一百五十四者、觀所療是對治。一百五十五者、所服藥當得力。一百五十六者、觀所患得除愈。一百五十七者、所向醫不能治。一百五十八者、觀所療非對治。一百五十九者、所服藥不得力。一百六十者、觀所患命當盡。一百六十一者、從地獄道中來。一百六十二者、從畜生道中來。一百六十三者、從餓鬼道中來。一百六十四者、從阿修羅道中來。一百六十五者、從人道中而來。一百六十六者、從天道中而來。一百六十七者、從在家中而來。一百六十八者、從出家中而來。一百六十九者、曾值佛供養來。一百七十者、曾親供養賢聖來。一百七十一者、曾得聞深法來。一百七十二者、捨身已入地獄。一百七十三者、捨身已作畜生。一百七十四者、捨身已作餓鬼。一百七十五者、捨身已作阿修羅。一百七十六者、捨身已生人道。一百七十七者、捨身已為人王。一百七十八者、捨身已生天道。一百七十九者、捨身已為天王。一百八十者、捨身已聞深法。一百八十一者、捨身已得出家。一百八十二者、捨身已值聖僧。一百八十三者、捨身已生兜率天。一百八十四者、捨身已生淨佛國。一百八十五者、捨身已尋見佛。一百八十六者、捨身已住下乘。一百八十七者、捨身已住中乘。一百八十八者、捨身已獲果證。一百八十九者、捨身已住上乘。

「善男子！是名一百八十九種善惡果報差別之相。如此占法，隨心所觀主念之事，若數合與意相當者，無有乖錯。若其所擲所合之數，與心所觀主念之事不相當者，謂不至心，名為虛謬。其有三擲而皆無所現者，此人則名已得無所得也。

「復次！善男子，若自發意，觀於他人所受果報，事亦同爾。若有他人不能自占，而來求請欲使占者，應當籌量觀察自心，不貪世間，內意清淨，然後乃可如上歸敬修行供養，至心發願，而為占察。不應貪求世間名利，如行師道，以自妨亂。又若內心不清淨者，設令占察而不相當，但為虛謬耳。

「復次！若未來世諸眾生等，一切所占，不獲吉善，所求不得，種種憂慮逼惱怖懼時，應當晝夜常勤誦念我之名字。若能至心者，所占則吉，所求皆獲，現離衰惱。」

占察善惡業報經卷上

占察善惡業報經卷下出六根聚經中

天竺三藏菩提燈譯

爾時，堅淨信菩薩摩訶薩問地藏菩薩摩訶薩言：「云何開示求向大乘者進趣方便？」

地藏菩薩摩訶薩言：「善男子！若有衆生欲向大乘者，應當先知最初所行根本之業。其最初所行根本業者，所謂依止一實境界以修信解，因信解力增長故，速疾得入菩薩種性。所言一實境界者，謂衆生心體從本以來，不生不滅自性清淨，無障無礙猶如虛空，離分別故平等普遍，無所不至圓滿十方，究竟一相無二無別，不變不異無增無減。以一切衆生心，一切聲聞、辟支佛心，一切菩薩心，一切諸佛心，皆同不生不滅無染寂靜真如相故。所以者何？一切有心起分別者，猶如幻化，無有定實。所謂識、受、想、行、憶念、緣慮、覺知等種種心數，非青非黃，非赤非白，亦非雜色，無有長短、方圓、大小，乃至盡於十方虛空一切世界，求心形狀，無一區分而可得者。但以眾生無明癡闇熏習因緣，現妄境界，令生念著。所謂此心不能自知，妄自謂有，起覺知想，計我、我所，而實無有覺知之*相，以此妄心畢竟無體不可見故。若無覺知能分別者，則無十方三世一切境界差別之相。以一切法皆不能自有，但依妄心分別故有，所謂一切境界各各不同，自念為有，知此為自，知彼為他。是故，一切法不能自有，則無別異，唯依妄心，不知不了，內自無故。謂有前外境界，妄生種種法想，謂有謂無，謂彼謂此，謂是謂非，謂好謂惡，乃至妄生無量無邊法想。當如是知，一切諸法，皆從妄想生，依妄心為本。然此妄心無自相故，亦依境界而有。所謂緣念覺知前境界故，說名為心。又此妄心與前境界，雖俱相依，起無先後，而此妄心，能為一切境界原主。所以者何？謂依妄心，不了法界一相故，說心有無明。依無明力因故，現妄境界，亦依無明滅故，一切境界滅。非依一切境界自不了故，說境界有無明。亦非依境界故生於無明，以一切諸佛於一切境界不生無明故。又復不依境界滅故無明心滅，以一切境界從本已來體性自滅，未曾有故。因如此義，是故但說一切諸法依心為本，當知一切諸法悉名為心，以義體不異，為心所攝故。又一切諸法從心所起，與心作相和合而有，共生共滅同無有住，以一切境界但隨心所緣念念相續故，而得住持，暫時為有。

「如是所說心義者，有二種相。何等為二？一者、心內相，二者、心外相。心內相者，復有二種。云何為二？一者、真，二者、妄。所言真者，謂心體本相，如如不異，清淨圓滿，無障無礙，微密難見。以遍一切處，常恒不壞，建立生長一切法故。所言妄者，謂起念分別、覺知、緣慮、憶想等事，雖復相續，能生一切種種境界，而內虛偽，無有真實，不可見故。所言心外相者，謂一切諸法種種境界等，隨有所念，境界現前，故知有內心及外心差別。如是，當知內妄想者，為因為體；外妄相者，為果為用。依如此等義，是故我說一切諸法，悉名為心。又復，當知心外相者，如夢所見種種境界，唯心想作，無實外事。一切境界，悉亦如是，以皆依無明識夢所見，妄想作故。復次，應知內心念念不住故，所見所緣一切境界，亦隨心念念不住。所謂心生故種種法生，心滅故種種法滅，而生滅相但有名字，實不可得。以心不往至於境界，境界亦不來至於心，如鏡中像，無來無去。是故，一切法求生滅定相了不可得，所謂一切法畢竟無體，本來常空，實不生滅故。如是一切法實不生滅者，則無一切境界差別之相，寂靜一味，名為真如第一義諦自性清淨心。彼自性清淨心，湛然圓滿，以無分別相故。無分別相者，於一切處無所不在。無所不在者，以能依持建立一切法故。

「復次，彼心名如來藏，所謂具足無量無邊不可思議無漏清淨功德之業。以諸佛法身從無始本際來，無障無礙，自在不滅，一切現化種種功業，恒常熾然，未曾休息，所謂遍一切世界，皆示作業，種種化益故。以一佛身即是一切諸佛身，一切諸佛身即是一佛身，所有作業亦皆共一，所謂無分別相，不念彼此，平等無二。以依一法性而有作業，同自然化，體無別異故。如是諸佛法身遍一切處，圓滿不動故，隨諸衆生死此生彼，恒為作依。譬如虛空，悉能容受一切色像種種形類，以一切色像種種形類，皆依虛空而有，建立生長，住虛空中，為虛空處所攝，以虛空為體，無有能出虛空界分者。當知色像之中，虛空之界不可毀滅，色像①壞時還歸虛空，而虛空本界無增無減，不動不變。諸佛法身亦復如是，悉能容受一切眾生種種果報，以一切眾生種種果報，皆依諸佛法身而有，建立生長，住法身中，為法身處所攝，以法身為體，無有能出法身界分者。當知一切眾生身中，諸佛法身亦不可毀滅，若煩惱斷壞時還歸法身，而法身本界無增無減，不動不變。但從無始世來，與無明心俱癡闇因緣熏習力故，現妄境界。以依妄境界熏習因緣故，起妄想相應心，計我、我所，造集諸業受生死苦，說彼法身名為眾生。若如是眾生中，法身熏習而有力者，煩惱漸薄能厭世間，求涅槃道信歸一實，修六波羅蜜等一切菩提分法，名為菩薩。若如是菩薩中修行一切善法滿足，究竟得離無明睡者，轉名為佛。當知如是眾生、菩薩、佛等，但依世間假名言說故有差別，而法身之體畢竟平等，無有異相。

「善男子！是名略說一實境界義。若欲依一實境界修信解者，應當學習二種觀道。何等為二？一者、唯心識觀，二者、真如實觀。學*唯心識觀者，所謂於一切時、一切處，隨身、口、意所有作業，悉當觀察知唯是心。乃至一切境界，若心住念皆當察知，勿令使心無記攀緣，不自覺知。於念念間悉應觀察，隨心有所緣念，還當使心隨逐彼念，令心自知，知已內心自生想念，非一切境界有念有分別也。所謂內心自生長短好惡、是非得失、衰利有無等見，無量諸想，而一切境界未曾有想起於分別。當知一切境界自無分別想故，即自非長非短、非好非惡乃至非有非無，離一切相。如是觀察，一切法唯心想生，若使離心，則無一法一想而能自見有差別也。當應如是守記內心，知唯妄念，無實境界，勿令休廢，是名修學唯心識觀。若心無記，不知自心念者，即謂有前境界，不名唯心識觀。又守記內心者，則知貪想、瞋想、及愚癡邪見想，知善、知不善、知無記、知心勞慮種種諸苦。若於坐時隨心所緣，念念觀知唯心生滅，譬如水流燈炎，無暫時住，從是當得色寂三昧。得此三昧已，次應學習信奢摩他觀心，及信毗婆舍那觀心。

「習信奢摩他觀心者，思惟內心不可見相，圓滿不動，無來無去，本性不生⊙不滅，離分別故。習信毗婆舍那觀心者，想見內外色隨心生、隨心滅，乃至習想見佛色身亦復如是，隨心生、隨心滅。如幻如化，如水中月，如鏡中像，非心、不離心，非來、非不來，非去、非不去，非生、非不生，非作、非不作。善男子！若能習信此二觀心者，速得趣會一乘之道。當知如是唯心識觀，名為最上智慧之門。所謂能令其心猛利，長信解力，疾入空義，得發無上大菩提心故。若學習真如實觀者，思惟心性無生無滅，不住見聞覺知，永離一切分別之想，漸漸能過空處、識處、無少處、非想非非想處等定境界相，得相似空三昧。得相似空三昧時，識、想、受、行麁分別相不現在前。從此修學，為善知識大慈悲者守護長養，是故離諸障礙，勤修不廢，展轉能入心寂三昧。得是三昧已，即復能入一行三昧。入是一行三昧已，見佛無數，發深廣行，心住堅信位，所謂於奢摩他、毗婆舍那二種觀道，決定信解，能決定向，隨所修學世間諸禪三昧之業，無所樂著，乃至遍修一切善根菩提分法，於生死中無所怯畏，不樂二乘。以依能習向二觀心，最妙巧便衆智所依，行根本故。

「復次，修學如上信解者，人有二種。何等為二？一者、利根，二者、鈍根。其利根者，先已能知一切外諸境界，唯心所作，虛誑不實，如夢如幻等，決定無有疑慮，陰蓋輕微，散亂心少，如是等人，即應學習真如實觀。其鈍根者，先未能知一切外諸境界，悉唯是心，虛誑不實故，染著情厚，蓋障數起，心難調伏，應當先學唯心識觀。若人雖學如是信解，而善根業薄未能進趣，諸惡煩惱不得漸伏，其心疑怯，畏墮三惡道生八難處，畏不常值佛菩薩等，不得供養、聽受正法，畏菩提信難可成就，有如此疑怖及種種障礙等者，應於一切時、一切處，常勤誦念我之名字。若得一心，善根增長其意猛利，當觀我法身及一切諸佛法身，與己自身體性平等，無二無別，不生不滅，常、樂、我、淨，功德圓滿，是可歸依。又復觀察己身心相，無常、苦、無我、不淨，如幻如化，是可厭離。若能修學如是觀者，速得增長淨信之心，所有諸障漸漸損減。何以故？此人名為學習聞我名者，亦能學習聞十方諸佛名者，名為學至心禮拜供養我者，亦能學至心禮拜供養十方諸佛者，名為學聞大乘深經者，名為學執持書寫，供養恭敬大乘深經者，名為學受持讀誦大乘深經者，名為學遠離邪見，於深正義中，不墮謗者，名為於究竟甚深第一實義中學信解者，名為能除諸罪障者，名為當得無量功德聚者。此人捨身，終不墮惡道、八難之處，還聞正法習信修行，亦能隨願往生他方淨佛國土。

「復次，若人欲生他方現在淨國者，應當隨彼世界佛之名字，專意誦念，一心不亂。如上觀察者，決定得生彼佛淨國，善根增長，速獲不退。當知如上一心係念思惟諸佛平等法身，一切善根中，其業最勝。所謂勤修習者，漸漸能向一行三昧。若到一行三昧者，則成廣大微妙行心，名得相似無生法忍。以能得聞我名字故，亦能得聞十方諸佛名字故，以能至心禮拜供養我故，亦能至心禮拜供養十方諸佛故，以能得聞大乘深經故，能執持書寫、供養恭敬大乘深經故，能受持讀誦大乘深經故，能於究竟甚深第一實義中，不生怖畏遠離誹謗，得正見心能信解故，決定除滅諸罪障故，現證無量功德聚故。所以者何？謂無分別菩提心寂靜智現，起發方便業種種願行故。能聞我名者，謂得決定信利益行故，乃至一切所能者，皆得不退一乘因故。若雜亂垢心，雖復稱誦我之名字，而不名為聞，以不能生決定信解，但獲世間善報，不得廣大深妙利益。如是雜亂垢心，隨其所修一切諸善，皆不能得深大利益。

「善男子！當知如上勤心修學無相禪者，不久能獲深大利益，漸次作佛。深大利益者，所謂得入堅信*法位，成就信忍故；入堅*修位，成就順忍故；入正真位，成就無生忍故。又成就信忍者，能作如來種性故；成就順忍者，能解如來行故；成就無生忍者，得如來業故。漸次作佛者，略說有四種。何等為四？一者、信滿法故作佛，所謂依種性地，決定信諸法不生不滅，清淨平等，無可願求故。二者、解滿法故作佛，所謂依解行地，深解法性，知如來業無造無作，於生死涅槃不起二想，心無所怖故。三者、證滿法故作佛，所謂依淨心地，以得無分別寂靜法智，及不思議自然之業，無求想故。四者、一切功德行滿足故作佛，所謂依究竟菩薩地，能除一切諸障，無明夢盡故。

「復次，當知若修學世間有相禪者，有三種。何等為三？一者、無方便信解力故，貪受諸禪三昧功德而生憍慢，為禪所縛，退求世間。二者、無方便信解力故，依禪發起偏厭離行，怖怯生死，退墮二乘。三者、有方便信解力，所謂依止一實境界，習近奢摩他、毗婆舍那二種觀道故，能信解一切法唯心想生，如夢如幻等；雖獲世間諸禪功德而不堅著，不復退求三有之果，又信知生死即涅槃故，亦不怖怯退求二乘。

「如是修學一切諸禪三昧法者，當知有十種次第相門，具足攝取禪定之業，能令學者成就相應，不錯不謬。何等為十？一者、攝念方便相；二者、欲住境界相；三者、初住境界，分明了了，知出知入相；四者、善住境界，得堅固相；五者、所作思惟，方便勇猛，轉求進趣相；六者、漸得調順，稱心喜樂，除疑信解，自安慰相；七者、剋獲勝進，意所專者，少分相應，覺知利益相；八者、轉修增明，所習堅固，得勝功德，對治成就相；九者、隨心有所念作，外現功德如意相應，不錯不謬相；十者、若更異修，依前所得而起方便，次第成就，出入隨心，超越自在相。是名十種次第相門攝修禪定之業。」

爾時，堅淨信菩薩摩訶薩問地藏菩薩摩訶薩言：「汝云何巧說深法，能令眾生得離怯弱？」

地藏菩薩摩訶薩言：「善男子！當知初學發意求向大乘，未得信心者，於無上道甚深之法，喜生疑怯。我常以方便，宣顯實義而安慰之，令離怯弱，是故號我為善安慰說者。云何安慰？所謂鈍根小心眾生，聞無上道最勝最妙，意雖貪樂，發心願向，而復思念：『求無上道者，要須積功廣極，難行苦行，自度度他，劫數長遠，於生死中久受勤苦，方乃得獲。』以是之故，心生怯弱，我即為說真實之義。所謂一切諸法本性自空，畢竟無我，無作無受，無自無他，無行無到，無有方所，亦無過去、現在、未來。乃至為說十八空等，無有生死、涅槃一切諸法定實之相而可得者。又復為說一切諸法，如幻如化、如水中月、如鏡中像、如乾闥婆城、如空谷響、如陽焰、如泡、如露、如燈、如目*曀、如夢、如電、如雲，煩惱生死性甚微弱，易可令滅。又煩惱生死畢竟無體，求不可得，本來不生實更無滅，自性寂靜即是涅槃。如此所說，能破一切諸見，損自身心執著想故，得離怯弱。復有衆生不解如來言說旨意故，而生怯弱。當知如來言說旨意者，所謂如來見彼一實境界故，究竟得離生老病死衆惡之法，證彼法身常恒清涼、不變異等無量功德聚。復能了了見一切衆生身中，皆有如是真實微妙清淨功德，而為無明闇染之所覆障，長夜恒受生老病死無量衆苦。如來於此起大慈悲，意欲令使一切衆生離於衆苦，同獲法身第一義樂。而彼法身，是無分別離念之法，唯有能滅虛妄識想，不起念*者，乃所應得。但一切衆生，常樂分別取著諸法，以顛倒妄想故而受生死。是故，如來為欲令彼離於分別執著想故，說一切世間法畢竟體空無所有，乃至一切出世間法，亦畢竟體空無所有。若廣說者，如十八空。如是顯示一切諸法，皆不離菩提體。菩提體者，非有、非無、非非有、非非無、非有無俱，非一、非異、非非一、非非異、非一異俱，乃至畢竟無有一相而可得者，以離一切相故。離一切相者，所謂不可依言說取，以菩提法中，無有受言說者，及無能言說者故。又不可依心念知，以菩提法中無有能取、可取，無自無他，離分別相故，若有分別想者，則為虛偽，不名相應。

「如是等說，鈍根眾生不能解者，謂無上道如來法身但唯空法，一向畢竟而無所有，其心怯弱，畏墮無所得中。或生斷滅想，作增減見，轉起誹謗，自輕輕他。我即為說如來法身自性不空，有真實體，具足無量清淨功業，從無始世來，自然圓滿，非修、非作，乃至一切眾生身中亦皆具足，不變不異，無增無減。如是等說能除怯弱，是名安慰。又復愚癡堅執眾生，聞如是等說，亦生怯弱。以取如來法身本來滿足，非修非作相故，起無所得想而生怯弱，或計自然，墮邪倒見。我即為說修行一切善法，增長滿足，生如來色身，得無量功德清淨果報。如此等說，*令離怯弱，是*名安慰。而我所說甚深之義，真實相應，無有諸過，以離相違說故。云何知離相違相？所謂如來法身中，雖復無有言說境界，離心想念，非空非不空，乃至無一切相，不可依言說示，而據世諦幻化因緣，假名法中，相待相對，即可方便顯示而說。以彼法身性實無分別，離自相離他相，無空無不空，乃至遠離一切諸相故，說彼法體為畢竟空無所有。以離心分別，想念則盡，無一相而能自見自知為有。是故空義決定真實，相應不謬。

「復次，即彼空義中，以離分別妄想心念故，則盡畢竟無有一相而可空者。以唯有真實故，即為不空。所謂離識想故，無有一切虛偽之相，畢竟常恒，不變不異。以更*無一相可壞可滅，離增減故。又彼無分別實體之處，從無始世來，具無量功德自然之業，成就相應，不離不脫故，說為不空。如是實體功德之聚，一切衆生雖復有之，但為無明曀覆障故，而不知見，不能剋獲功德利益，與無莫異，說名未有。以不知見彼法體故，所有功德利益之業，非彼衆生所能受用，不名屬彼。唯依遍修一切善法，對治諸障，見彼法身，然後*乃獲功德利益，是故說修一切善法，生如來色身、智身。善男子！如我所說甚深之義，決定真實，離相違過，當如是知。」

爾時，地藏菩薩摩訶薩說如此等殊勝方便深要法門時，有十萬億衆生發阿耨多羅三藐三菩提心，住堅信位，復有九萬八千菩薩得無生法忍。一切大衆各以天⊙妙香花，供養於佛，及供養地藏菩薩摩訶薩。

爾時，佛告諸大眾言：「汝等各各應當受持此法門，隨所住處，廣令流布。所以者何？如此法門，甚為難值，能大利益。若人得聞彼地藏菩薩摩訶薩名號，及信其所說者，當知是人，速能得離一切所有諸障礙事，疾至無上道。」

於是大眾皆同發言：「我當受持，流布世間，不敢令忘。」

爾時，堅淨信菩薩摩訶薩白佛言：「世尊！如是所說六根聚修多羅中，名何法門？此法真要，我當受持，令未來世，普皆得聞。」

佛告堅淨信菩薩摩訶薩言：「此法門名為占察善惡業報，亦名消除諸障增長淨信，亦名開示求向大乘者進趣方便顯出甚深究竟實義，亦名善安慰說令離怯弱速入堅信決定法門。依如是名義，汝當受持。」

佛說此法門名已，一切眾會，悉皆歡喜，信受奉行。

占察善惡業報經卷下

大乘大集地藏十輪經

大乘大集地藏十輪經序(註)

昔者旭照高山，天宮御一乘之駕，流暉原隰，鹿苑轉四諦之輪；雖復發軫分逵而塗無亂轍，一雲普洽而卉木各茂。自鵠林變色，慧日寢光，達學電謝以息肩，真人長往而寂*滅。且前賢述聖難令各解，後進孤陋更異親承，況乎正法既往，久當像末，定慧與福德異時，醇化與澆風殊運！然則一乘三乘之駕，安可以同其轍哉！若識時來在數，藥性勿違，然後可以清沈痼之宿疾，體權實之同歸矣。

十輪經者，則此土末法之教也！何以明之？佛以末法惡時，去聖浸遠，敗根比之坏器，空見借喻生盲，沉醉五欲，類石田之不苗，放肆十惡，似臭身之垢穢；故此經能濯臭身、開盲目、陶坏器、沃石田，是以菩薩示聲聞之形，象王敬出家之服，以此幢相化彼無慚，顯二事之護持，成三乘之道果。故經曰：「為令此土三寶種姓威德熾盛久住世故。」又曰：「摧滅一切諸眾生類猶如金剛堅固煩惱。」然則三寶久住，顯教傳於末法，金剛煩惱，驗障異乎一乘。尋舊經之來，年代蓋久，但譜第遺目，傳人失記，翻譯之主既往，來茲之日罕聞，同我者失魄於真彩，異我者大笑於淡味，謬以千里，能勿悲乎？夫極曜文天，或蔽虧於薄霧，至言軌物，時淪滯於*邪辯；鍼石一違，有死生之巨痛，纖毫錯學，有升墜之異塗，其可易乎！

屬有三藏玄奘法師者，始則學架東朝，末乃訪道西域，輕一生之性命，涉數萬之艱難，果能竭溟渤以索亡珠，蹈龍宮而窮祕藏，吞法流於智海，瓶寫無遺；受道氣於檀林，香風更馥。至於因明三量、聲論八音，莫不究立破之源，窮字轉之本，如來所說、菩薩所傳，已來、未來一朝備集。昉以薄業不偶真應，幸達聖制亂於未肇，後賢傳燈於既夕，遂使定死餘命，冀反魂於法藥；昏野迷方，期還轅於覺道。於是染翰操紙，杜絕外慮，務詳至教，釋彼紛執，疇諮法主，重啟梵文，粵以永徽二年歲次辛亥正月乙未，盡其年十二月甲寅翻譯始畢，凡八品十卷。以今所翻比諸舊本，舊本已有，今更詳明，舊本所無，斯文具載。於是處座伉談者，響法雷而吐辯，靜慮通微者，鏡玄波而照心；頂火暴腹之徒，戢螢暉於慧日，喜足謙懷之侶，騰高節於清風矣。前佛既往，後佛未興，庶此教長懸，永濟來者，弘道之士如何勿思！

㊟大乘大集地藏十輪經序原在卷十後，今移至卷一之前。

大乘大集地藏十輪經*卷①第一

三藏法師玄奘奉　詔譯

⊙序品第一

如是我聞：一時，薄伽梵在佉羅帝耶山諸牟尼仙所依住處，與大苾芻眾俱，謂過數量大聲聞僧；復有菩薩摩訶薩眾，謂過數量大菩薩僧。說月藏已，爾時南方大香雲來雨大香雨，大花雲來雨大花雨，大妙殊麗寶飾雲來雨大殊麗妙寶飾雨，大妙鮮潔衣服雲來雨大鮮潔妙衣服雨，是諸雲雨充遍其山諸牟尼仙所依住處。從諸香花寶飾衣服，演出種種百千微妙大法音聲，謂歸敬三寶聲、受持學處聲、忍辱柔和聲、精進勇猛聲、降伏四魔聲、趣入智慧聲、廣大名稱遍滿三界聲、勸修殊勝念定總持聲、空無相無願聲、厭離貪欲聲、色如聚沫聲、受如浮泡聲、想如陽焰聲、行如芭蕉聲、識如幻事聲、無常聲、苦聲、無我聲、空聲、慚愧聲、遠離聲、護念聲、慈悲喜捨聲、證得諸法聲、生天涅槃聲、趣向三乘聲、轉大法輪聲、雨大法雨聲、成熟有情聲、度三惡趣聲、修治圓滿六到彼岸聲、善巧方便聲、趣入十地聲、遊戲神通聲、遊戲清淨無上大乘聲、不退轉地聲、無生法忍聲、灌頂受位聲、趣入一切諸佛大海聲。

爾時，一切諸來大衆咸見如是種種雲雨，亦聞如是諸法音聲，隨意所樂，各見其身種種香花寶飾衣服之所莊嚴。又各自見兩手掌中持如意珠，從是一一如意珠中雨種種寶，復從一一如意珠中放諸光明，因光明故，一一有情皆見十方殑伽沙等諸佛世界。又因光明見諸佛土，一一世尊無量衆會恭敬圍遶。復因光明見諸佛土，一切有情若有病者，因此光明之所照觸，衆病除愈；諸應被殺及囚繫者，光明照故皆得解脫；諸身、語、意麁重穢濁，因光皆得輕軟清淨，諸飢渴者亦皆飽滿；諸被種種刑罰逼切，光明照故，皆離憂苦；諸少衣服寶飾珍財，光明照故，隨念皆足；若諸有情樂欲殺生，乃至或有樂欲邪見，由此光明之所照觸，皆悉樂欲遠離殺生，乃至樂欲遠離邪見；若諸有情為於種種求不得苦之所逼切，光明照故，隨願皆得。又因光明，見諸佛土一切有情，所受眾苦無不休息，皆悉歡娛受諸妙樂。又見如是諸佛土中，由此光明之所照觸，遠離一切昏雲塵霧、烈風暴雨、不善音聲，及諸臭穢、苦辛、惡味、惡觸、恐怖，遠離一切邪業、邪語、邪意、邪歸，不寒不熱，安靜坦然，地平如掌，諸妙樂具充滿其中。

爾時眾會其身欻然，地界增強，堅重難舉，既覩斯瑞，咸悉驚疑，何因、何緣而現此相？於眾會中，有天帝釋名無垢生，去薄伽梵不遠而坐，即從座起，頂禮世尊，合掌向佛，以頌問曰：

具諦語諦見，　諦善住牟尼，　普為眾弘宣，　諦究竟堅法，
令諸有情類，　滅苦及苦因。　何緣於此中，　現諸雲雨等，
令舉眾歡悅，　咸生淨信心，　皆發趣大乘，　度疑生實見？
天人大眾身，　地界增堅重，　不能自勝舉，　此相有何緣？

兩手皆珠現，　雨衆寶放光，　照十方除罪，　息苦獲安樂。
導師復何因，　令舉衆皆見，　種種香鬘等，　各各自嚴身？
天人普猶豫，　不測何因緣，　有誰將欲來，　現此神通力？
為是佛菩薩？　為梵魔釋天？　唯願大導師，　速為衆宣說。

爾時，世尊告無垢生天帝釋曰：「汝等當知有菩薩摩訶薩名曰地藏，已於無量無數大劫五濁惡時無佛世界成熟有情，今與八十百千那庾多頻跋羅菩薩俱，為欲來此禮敬親近、供養我故，觀大集會生隨喜故，并諸眷屬，作聲聞像將來至此，以神通力現是變化。

「是地藏菩薩摩訶薩，有無量無數不可思議殊勝功德之所莊嚴，一切世間聲聞、獨覺所不能測。此大菩薩是諸微妙功德伏藏，是諸解脫珍寶出處，是諸菩薩明淨眼目，是趣涅槃商人導首，如如意珠雨衆財寶，隨所希求皆令滿足。譬諸商人所採寶渚，是能生長善根良田，是能盛貯解脫樂器，是出妙寶功德賢瓶。照行善者猶如朗日，照失道者猶如明炬，除煩惱熱如月清涼。如無足者所得車乘，如遠涉者所備資糧，如迷方者所逢示導，如狂亂者所服妙藥，如疾病者所遇良醫，如羸老者所憑几杖，如疲倦者所止床坐。度四流者為作橋梁，趣彼岸者為作船筏。是三善根殊勝果報，是三善本所引等流。常行惠施如輪恒轉，持戒堅固如妙高山，精進難壞如金剛寶，安忍不動猶如大地，靜慮深密猶如祕藏，等至嚴麗如妙花鬘，智慧深廣猶如大海。無所染著譬太虛空，妙果近因如眾花葉。伏諸外道如師子王，降諸天魔如大龍象，斬煩惱賊猶如神劍，厭諸諠雜如獨覺乘，洗煩惱垢如清淨水，能除臭穢如疾飄風，斷眾結縛如利刀劍。護諸怖畏如親如友，防諸怨敵如塹如城，救諸危難猶如父母，藏諸怯劣猶若叢林。如夏遠行所投大樹，與熱渴者作清冷水，與飢乏者作諸甘果，為露形者作諸衣服，為熱乏者作大密雲，為貧匱者作如意寶，為恐懼者作所歸依，為諸稼穡作甘澤雨，為諸濁水作月愛珠。令諸有情善根不壞，現妙境界令眾欣悅，勸發有情增上慚愧，求福慧者令具莊嚴。能除煩惱如吐下藥，能攝亂心如等持境，辯才無滯如水激輪，攝事繫心如觀妙色，安忍堅住如妙高山，總持深廣猶如大海，神足無礙譬若虛空，滅除一切惑障習氣猶如烈日銷釋輕冰。常遊靜慮無色正道、一切智智妙寶洲渚，能無功用轉大法輪。

「善男子！是地藏菩薩摩訶薩具如是等無量無數不可思議殊勝功德，與諸眷屬欲來至此，先現如是神通之相。」

世尊說是地藏菩薩諸功德已，爾時地藏菩薩摩訶薩與八十百千那庾多頻跋羅菩薩，以神通力現聲聞像，從南方來至佛前住，與諸眷屬恭敬頂禮世尊雙足，右遶三匝，在如來前合掌而立，以頌讚曰：

兩足尊導師，　慈心常普覆，　安忍如大地，　遍除瞋忿心。
具殊勝相好，　莊嚴諸佛國，　能以諦慈悲，　充滿一切土。
永絕諸愛網，　如實善安住，　捨諸清淨國，　度染濁衆生。
本願攝穢土，　成熟惡衆生，　起堅固正勤，　久修諸苦行。
久修諸苦行，　聞生悚懼心，　修諸施戒忍，　及精進定慧。
曾供事無量，　佛菩薩聲聞，　及濟諸有情，　飢渴病死*等。

本為他有情，自捨多身命，本為正法故，捨多骨血皮。
棄捨自安樂，悲愍諸有情，專為諸有情，勤修斷惑網。
善護於六根，恒遠離諸欲，觀有為無常，苦空無我性。
諸苦業增長，皆貪愛為因，故先於六根，永斷諸貪欲。
普於有情界，常安住大悲，雖得勝菩提，而不捨本願。
隨見諸有情，逼切在衆苦，隨起勤精進，勇猛而濟拔。
令勤修施戒，忍進定般若，如母於一子，慈心而養育。
本於有情類，常住普慈心，故速證菩提，度脫無量衆。
本修菩提行，無不為衆生，故今於有情，不捨於六度。
昔常於末世，求無上菩提，今還末世中，速成無上覺。
調伏諸惡見，天龍人藥叉，安住能斷惑，如金剛聖道。
授無量有情，得勝菩提記，成應供導首，最上良福田。
世尊無等侶，普覆諸群生，無量大名聞，充滿十方界。

是故諸菩薩，為成就己事，咸共來歸依，大牟尼足下。
聞所說妙法，皆生歡喜心，起增上正勤，修習菩提行。
由導師法力，皆速證菩提，故今者導師，大集未曾有。
十三兆藥叉，恒噉諸血肉，皆捨諸惡業，速趣大菩提。
有得勝總持，安忍及靜慮，有永盡諸漏，應供世間尊，
有修四無量，有住四攝法，有得四辯才，有安住順忍，
有得健行定，有得妙慧眼，有住無生忍，皆由導師力。
世尊大威德，摧滅眾魔怨，降伏諸外道，九十五異類。
盡地獄傍生，餓鬼非天趣，故貞實有情，咸歸尊足下。
今者息刀兵，疫病飢饉劫，度迷失正道，盲冥諸有情，
諸煩惱狂亂，皆安寂滅道，故我捨諸緣，來禮敬尊足。
無邊諸佛土，現在諸導師，咸廣讚世尊，聞者皆來此。
我聞遍知海，真實德無邊，度脫諸有情，心歡喜敬禮。

曾修無量福， 今得禮尊足， 願無量劫中， 常修多供養。

我今學世尊， 發如是誓願， 當於此穢土， 得無上菩提。

爾時，地藏菩薩摩訶薩以妙伽他禮讚佛已，與諸眷屬復持無量天妙香花、種種寶飾而散佛上，變成寶蓋住虛空中，為聽法故，即於佛前儼然而坐。爾時，一切諸來大眾既見地藏菩薩摩訶薩已，皆獲希奇，得未曾有，各持種種上妙香花、寶飾、衣服、幢幡蓋等，奉散地藏菩薩摩訶薩而為供養，皆作是言：「我等今者快得善利，因佛神力，親得瞻仰、禮敬供養如是大士。」

爾時，眾中有菩薩摩訶薩名好疑問，從座而起，整理衣服，偏袒一肩，禮佛雙足，右膝著地，合掌向佛而白佛言：「世尊！此善男子從何而來？所居佛國去此遠近？成就何等功德善根，而蒙世尊種種稱歎，復能讚佛不可思議功德法海？我等昔來未曾聞見，唯願為說。」

世尊告曰：「止！善男子！如是大士功德善根，一切世間天人大眾皆不能測其量淺深，若聞如來為汝廣說如是大士功德善根，一切世間天人大眾皆生迷悶，或不信受。」

時好疑問復重請言：「唯願如來哀愍為說。」

佛言：「諦聽！善思念之，吾當為汝略說少分。如是大士成就無量不可思議殊勝功德，已能安住首楞伽摩勝三摩地。善能悟入如來境界，已得最勝無生法忍，於諸佛法已得自在，已能堪忍一切智位，已能超度一切智海，已能安住師子奮迅幢三摩地，善能登上一切智山，已能摧伏外道邪論。為欲成熟一切有情，所在佛國悉皆止住。如是大士隨所止住諸佛國土，隨所安住諸三摩地，發起無量殊勝功德，成就無量所化有情。

「如是大士隨住如是諸佛國土，若入能發智定，由此定力，令彼佛土一切有情皆悉同見諸三摩地所行境界。隨住如是諸佛國土，若入具足無邊智定，由此定力，令彼佛土一切有情隨其所應，能以無量上妙供具，恭敬供養諸佛世尊。隨住如是諸佛國土，若入具足清淨智定，由此定力，令彼佛土一切有情皆悉同見諸欲境界無量過患，心得清淨。隨住如是諸佛國土，若入具足慚愧智定，由此定力，令彼佛土一切有情皆得具足增上慚愧，離諸惡法，心無忘失。隨住如是諸佛國土，若入具足諸乘明定，由此定力，令彼佛土一切有情皆得善巧天眼智通、宿住智通、死生智通，了達此世、他世因果。隨住如是諸佛國土，若入無憂神通明定，由此定力，令彼佛土一切有情皆離一切愁憂昏昧。隨住如是諸佛國土，若入具足勝通明定，由此定力，令彼佛土一切有情皆得具足神通善巧。隨住如是諸佛國土，若入普照諸世間定，由此定力，令十方界離諸昏暗，令彼佛土一切有情普見十方諸佛國土。隨住如是諸佛國土，若入諸佛燈炬明定，由此定力，令彼佛土一切有情捨邪歸依，歸正三寶。隨住如是諸佛國土，若入金剛光定，由此定力，令彼佛土所有一切小輪圍山、大輪圍山、蘇迷盧山，及諸餘山谿澗、溝壑、瓦礫、毒刺、諸穢草木皆悉不現，令彼佛土所有一切衆邪蠱毒、諸惡蟲獸、災橫疫癘、昏暗塵垢、不淨臭穢悉皆銷滅，令彼佛土地平如掌，種種嘉祥自然踊現，清淨殊勝衆相莊嚴。隨住如是諸佛國土，若入智力難摧伏定，由此定力，令彼佛土一切魔王及諸眷屬皆悉驚怖，歸依三寶。

「隨住如是諸佛國土，若入電光明定，由此定力，令彼佛土一切有情皆悉遠離後世恐怖，得法安慰。隨住如是諸佛國土，若入具足上妙味定，由此定力，令彼佛土一切有情隨念皆得飲食充足。隨住如是諸佛國土，若入具足勝精氣定，由此定力，令彼佛土一切有情無不皆得增上力勢，離諸病苦。隨住如是諸佛國土，若入上妙諸資具定，由此定力，令彼佛土一切有情隨樂皆得床座、敷具、衣服、寶飾，諸資身具無所乏少，殊妙端嚴甚可愛樂。隨住如是諸佛國土，若入無諍智定，由此定力，令彼佛土一切有情身心勇健，遠離一切怨憎繫縛，和順歡娛愛樂具足，施、戒、安忍，勇猛精進，心無散亂，成就智慧。隨住如是諸佛國土，若入能引勝踊躍定，由此定力，令彼佛土一切有情皆受無量勝妙歡喜。隨住如是諸佛國土，若入具足世路光定，由此定力，令彼佛土一切有情得無礙智，能修種種清淨事業。隨住如是諸佛國土，若入善住勝金剛定，由此定力，令彼佛土一切有情皆得諸根具足無缺，常樂遠離，其心寂靜。隨住如是諸佛國土，若入增上觀勝幢定，由此定力，令彼佛土一切有情皆深呵厭自惡業過，咸善護持十善業道生天要路。隨住如是諸佛國土，若入具足慈悲聲定，由此定力，令彼佛土一切有情皆悉發起慈心、悲心、無怨害心、普平等心、更相利益安樂之心。隨住如是諸佛國土，若入引集諸福德定，由此定力，令彼佛土一切有情離諸鬪諍，疾疫飢饉、非時風雨、苦澁辛酸、諸惡色觸，悉皆銷滅。如是大士隨住如是諸佛國土，若入海電光定，由此定力，令彼佛土一切大地衆寶合成，一切過患皆悉遠離，種種寶樹、衣樹、器樹、諸瓔珞樹、花樹、果樹、諸音樂樹，無量樂具周遍莊嚴。

「以要言之，此善男子於一一日每晨朝時，為欲成熟諸有情故，入殑伽河沙等諸定，從定起已，遍於十方諸佛國土成熟一切所化有情，隨其所應，利益安樂。此善男子已於無量無數大劫，五濁惡時無佛世界成熟有情。復於當來過於是數，或有世界刀兵劫起害諸有情，此善男子見是事已，於晨朝時，以諸定力除刀兵劫，令諸有情互相慈愍。或有世界疫病劫起害諸有情，此善男子見是事已，於晨朝時，以諸定力除疫病劫，令諸有情皆得安樂。或有世界飢饉劫起害諸有情，此善男子見是事已，於晨朝時，以諸定力除飢饉劫，令諸有情皆得飽滿。此善男子以諸定力，作如是等無量無邊不可思議利益安樂諸有情事。此善男子具足成就無量無數不可思議殊勝功德，常勤精進，利益安樂一切有情。曾於過去無量無數殑伽沙等佛世尊所，為欲成熟利益安樂諸有情故，發起大悲*堅固難壞、勇猛精進無盡誓願，由此大悲堅固難壞、勇猛精進無盡誓願增上勢力，於一日夜或一食頃，能度無量百千俱胝那庾多數諸有情類，皆令解脫種種憂苦，及令一切如法所求意願滿足。

「隨所在處，若諸有情種種希求憂苦逼切，有能至心稱名念誦，歸敬供養地藏菩薩摩訶薩者，一切皆得如法所求，離諸憂苦，隨其所應，安置生天涅槃之道。隨所在處，若諸有情飢渴所逼，有能至心稱名念誦，歸敬供養地藏菩薩摩訶薩者，一切皆得如法所求，飲食充足，隨其所應，安置生天涅槃之道。隨所在處，若諸有情乏少種種衣服、寶飾、醫藥、床敷及諸資具，有能至心稱名念誦，歸敬供養地藏菩薩摩訶薩者，一切皆得如法所求，衣服、寶飾、醫藥、床敷及諸資具無不備足，隨其所應，安置生天涅槃之道。隨所在處，若諸有情愛樂別離、怨憎合會，有能至心稱名念誦，歸敬供養地藏菩薩摩訶薩者，一切皆得愛樂合會、怨憎別離，隨其所應，安置生天涅槃之道。隨所在處，若諸有情身心憂苦，眾病所惱，有能至心稱名念誦，歸敬供養地藏菩薩摩訶薩者，一切皆得身心安樂，眾病除愈，隨其所應，安置生天涅槃之道。隨所在處，若諸有情互相乖違，興諸鬪諍，有能至心稱名念誦，歸敬供養地藏菩薩摩訶薩者，一切皆得捨毒害心，共相和穆，歡喜忍受，展轉悔愧，慈心相同，隨其所應，安置生天涅槃之道。隨所在處，若諸有情閉在牢獄，杻械、枷*鎖檢繫其身，具受眾苦，有能至心稱名念誦，歸敬供養地藏菩薩摩訶薩者，一切皆得解脫牢獄、杻械、枷*鎖，自在歡喜，隨其所應，安置生天涅槃之道。隨所在處，若諸有情應被囚執，鞭撻拷楚，臨當被害，有能至心稱名念誦，歸敬供養地藏菩薩摩訶薩者，一切皆得免離囚執、鞭撻加害，隨其所應，安置生天涅槃之道。隨所在處，若諸有情身心疲倦，氣力羸惙，有能至心稱名念誦，歸敬供養地藏菩薩摩訶薩者，一切皆得身心暢適，氣力強盛，隨其所應，安置生天涅槃之道。隨所在處，若諸有情諸根不具，隨有損壞，有能至心稱名念誦，歸敬供養地藏菩薩摩訶薩者，一切皆得諸根具足，無有損壞，隨其所應，安置生天涅槃之道。

「隨所在處，若諸有情顛狂心亂、鬼魅所著，有能至心稱名念誦，歸敬供養地藏菩薩摩訶薩者，一切皆得心無狂亂，離諸擾惱，隨其所應，安置生天涅槃之道。隨所在處，若諸有情貪欲、瞋恚、愚癡、忿恨、慳嫉、憍慢、惡見、睡眠、放逸、疑等皆悉熾盛，惱亂身心，常不安樂，有能至心稱名念誦，歸敬供養地藏菩薩摩訶薩者，一切皆得離貪欲等，身心安樂，隨其所應，安置生天涅槃之道。隨所在處，若諸有情為火所焚，為水所溺，為風所飄，或於山巖、崖岸、樹舍顛墜墮落，其心慞惶，有能至心稱名念誦，歸敬供養地藏菩薩摩訶薩者，一切皆得離諸危難，安隱無損，隨其所應，安置生天涅槃之道。隨所在處，若諸有情為諸毒蛇、毒蟲所螫，或被種種毒藥所中，有能至心稱名念誦，歸敬供養地藏菩薩摩訶薩者，一切皆得離諸惱害，隨其所應，安置生天涅槃之道。隨所在處，若諸有情惡鬼所持，成諸瘧病，或日日發，或隔日發，或三四日而一發者，或令狂亂，身心*顫掉，迷悶失念，無所了知，有能至心稱名念誦，歸敬供養地藏菩薩摩訶薩者，一切皆得解脫無畏，身心安適，隨其所應，安置生天涅槃之道。隨所在處，若諸有情為諸藥叉、羅剎、餓鬼、畢舍遮鬼、布怛那鬼、鳩畔荼鬼、羯吒布怛那鬼、吸精氣鬼，及諸虎狼師子惡獸、蠱毒厭禱諸惡呪術、怨賊軍陣，及餘種種諸怖畏事之所纏繞，身心慞惶，懼失身命，惡死貪生，厭苦求樂，有能至心稱名念誦，歸敬供養地藏菩薩摩訶薩者，一切皆得離諸怖畏，保全身命，隨其所應，安置生天涅槃之道。

「隨所在處，若諸有情，或為多聞、或為淨信、或為淨戒、或為靜慮、或為神通、或為般若、或為解脫、或為妙色、或為妙聲、或為妙香、或為妙味、或為妙觸、或為利養、或為名聞、或為功德、或為工巧、或為花果、或為樹林、或為床座、或為敷具、或為道路、或為財穀、或為醫藥、或為舍宅、或為僕使、或為彩色、或為甘⊙露雨、或為求水、或為稼穡、或為扇拂、或為涼風、或為求火、或為車乘、或為男女、或為方便、或為修福、或為溫暖、或為清涼、或為憶念、或為種種世出世間諸利樂事，於追求時，為諸憂苦之所逼切，有能至心稱名念誦，歸敬供養地藏菩薩摩訶薩者，此善男子功德妙定威神力故，令彼一切皆離憂苦，意願滿足，隨其所應，安置生天涅槃之道。

「隨所在處，若諸有情以諸種子殖於荒田或熟田中，若勤營務，或不營務，有能至心稱名念誦，歸敬供養地藏菩薩摩訶薩者，此善男子功德妙定威神力故，令彼一切果實豐稔。所以者何？此善男子曾過無量無數大劫，於過數量佛世尊所發大精進堅固誓願，由此願力，為欲成熟諸有情故，常普任持一切大地，常普任持一切種子，常普令彼一切有情隨意受用。此善男子威神力故，能令大地一切草木根鬚芽莖、枝葉花果皆悉生長，藥穀苗稼花果茂實成熟，潤澤香潔軟美。

「隨所在處，若諸有情貪、瞋、癡等皆猛利故，造作殺生、或不與取、或欲邪行、或虛誑語、或麁惡語、或離間語、或雜穢語、或貪、或瞋、或復邪見十惡業道，有能至心稱名念誦，歸敬供養地藏菩薩摩訶薩者，一切煩惱悉皆銷滅，遠離十惡，成就十善，於諸眾生起慈悲心及利益心。

「此善男子成就如是功德妙定威神之力，勇猛精進，於一食頃，能於無量無數佛土一一土中，以一食頃，皆能度脫無量無數殑伽沙等所化有情，令離眾苦，皆得安樂，隨其所應，安置生天涅槃之道。此善男子，成就如是如我所說不可思議諸功德法，堅固誓願，勇猛精進，為欲成熟諸有情故，於十方界，或時現作大梵王身，為諸有情如應說法，或復現作大自在天身、或作欲界他化自在天身、或作樂變化天身、或作覩史多天身、或作夜摩天身、或作帝釋天身、或作四大王天身、或作佛身、或作菩薩身、或作獨覺身、或作聲聞身、或作轉輪王身、或作剎帝利身、或作婆羅門身、或作茷舍身、或作戍達羅身、或作丈夫身、或作婦女身、或作童男身、或作童女身、或作健達縛身、或作阿素洛身、或作緊捺洛身、或作莫呼洛伽身、或作龍身、或作藥叉身、或作羅剎身、或作鳩畔荼身、或作畢舍遮身、或作餓鬼身、或作布怛那身、或作羯吒布怛那身、或作粵闍訶洛鬼身、或作師子身、或作香象身、或作馬身、或作牛身、或作種種禽獸之身、或作剡魔王身、或作地獄卒身、或作地獄諸有情身，現作如是等無量無數異類之身，為諸有情如應說法，隨其所應，安置三乘不退轉位。

「善男子！如是大士，成就如是不可思議諸功德法，是諸殊勝功德伏藏，是諸解脫珍寶出處，是諸菩薩明淨眼目，是趣涅槃商人導首，如是乃至能無功用轉大法輪，如前廣說。善男子！假使有人於其彌勒及妙吉祥，并觀自在、普賢之類而為上首，殑伽沙等諸大菩薩摩訶薩所，於百劫中，至心歸依，稱名念誦，禮拜供養，求諸所願，不如有人於一食頃，至心歸依，稱名念誦，禮拜供養地藏菩薩，求諸所願，速得滿足。所以者何？地藏菩薩利益安樂一切有情，令諸有情所願滿足，如如意寶，亦如伏藏，如是大士，為欲成熟諸有情故，久修堅固大願大悲，勇猛精進過諸菩薩，是故汝等應當供養。」

爾時，十方諸來大眾，一切菩薩摩訶薩及諸聲聞、天人、藥叉、健達縛等皆從座起，隨力所作，各持種種金銀等屑、眾寶花香，奉散地藏菩薩摩訶薩；復持種種上妙衣服、末尼寶珠、真珠花鬘、真珠瓔珞、金銀寶縷、幢幡蓋等，奉上地藏菩薩摩訶薩；復以無量上妙音樂種種讚頌，恭敬供養地藏菩薩。

爾時，地藏菩薩摩訶薩持此種種上妙供具，迴奉世尊而說頌曰：

天人龍神所供養，十方菩薩皆來奉，聞救世有大功德，唯願受我最勝供。

爾時，地藏菩薩摩訶薩說是頌已，頂禮佛足，於是世尊復說頌曰：

起堅固慧清淨心，滅諸有情無量苦，施衆妙樂如寶手，能斷惑網如金剛。

起大悲慧具精進，善持妙供奉世尊，以海智救苦衆生，登諸趣有無畏岸。

爾時，地藏菩薩摩訶薩即從座起而白佛言：「大德世尊！我當濟度此四洲渚世尊弟子，一切苾芻及苾芻尼、鄔波索迦、鄔波斯迦，令其皆得增長憶念，增長守護憶念，增長壽命，增長身體，增長無病，增長色力，增長名聞，增長資具，增長親友，增長弟子，增長淨戒，增長多聞，增長慧捨，增長妙定，增長安忍，增長方便，增長覺分聖諦光明，增長趣入大乘正道，增長法明，增長成熟有情，增長大慈大悲，增長一切白法，增長妙稱遍滿三界，增長法雨普潤三界，增長一切大地精氣滋味，增長一切衆生精氣善作事業，增長正法精氣善行，增長智慧光明，增長六到彼岸妙行，增長五眼，增長灌頂，增長生天涅槃，所謂有名具足水火吉祥光明大記明呪總持章句。我於過去殑伽沙等佛世尊所，親承受持此陀羅尼，能令增長一切白法，增長一切種子根鬚、芽莖枝葉、花果藥穀、精氣滋味，增長雨澤，增長有益地水火風，增長喜樂，增長財寶，增長勝力，增長一切受用資具，此陀羅尼能令一切智慧猛利破煩惱賊。」

即說呪曰：

讖蒱一　讖蒱二　讖讖蒱三　阿迦舍讖蒱四　縛羯洛讖蒱五　菴跋洛讖蒱六　筏羅讖蒱七　伐折洛讖蒱八　阿路迦讖蒱九　萏摩讖蒱十　薩帝丁賊反摩讖蒱十一　薩帝丁賊反昵泥吉反訶羅讖蒱十二　毘婆縛迦反路迦插婆讖蒱十三　鄔波睒摩讖蒱十四　奈野娜讖蒱十五　鉢刺惹三年底都異反刺拏讖蒱十六　剎拏讖蒱十七　毘濕婆縛迦反梨夜讖蒱十八　舍薩多臘婆縛迦反讖蒱十九　毘阿去聲荼素上聲吒二十知戒反　莫醯隸二十一　萏謎二十二　睒謎二十三　斫羯洛細二十四　斫羯洛沫呬隸二十五　廁初凡反隸二十六　諀匹里反隸二十七　揭刺婆跋羅伐刺帝二十八　欣上聲醯以反嚇隸二十九　鉢臘薛三十　鉢刺遮囉飯怛泥三十一去聲　曷刺怛泥三十二去聲　播囉三十三　遮遮遮遮三十四　欣上聲隸三十五　弭隸三十六　鬘羯他三十七　託契三十八　託齲盧三十九　闥嚇隸四十　闥嚇隸四十一　弭隸四十二　磨綻徒界反四十三　瘴綻徒界反四十四　矩隸四十五　弭隸隸

四十六

盎矩之多毘四十七　遏喍四十八　祁上聲喍四十九　波囉祁上聲喍五十　矩吒苦沫隸五十一　敦祇葵計反五十二

敦祇葵計反五十三　敦具隸五十四　滸盧五十五　滸盧五十六　滸盧五十七　矩盧窣都弭隸五十八　弭哮第五十九

彌哮綻徒界反六十　叛荼陀六十一　喝訶葛反羅六十二　欣上聲梨六十三　滸盧六十四　滸魯盧六十五

善說能淨諸有塵，善說能淨鬪諍劫，善說能淨濁惡意，善說能淨濁大種，

善說能淨濁惡味，善說能淨濁惡氣，善說能滿諸希望，善說能成諸稼穡，

善說能令一切佛，如來世尊所加護，善說又能令一切，菩薩加護而隨喜。

「世尊！如是具足水火吉祥光明大記明呪總持章句，我於過去殑伽沙等佛世尊所，親承受持此陀羅尼，能令增長一切白法，廣說乃至增長一切受用資具。大德世尊！此陀羅尼普能濟度此四洲渚世尊弟子，一切苾芻及苾芻尼、鄔波索迦、鄔波斯迦，令其皆得增長憶念，廣說乃至增長一切受用資具，此陀羅尼能令世尊甘露聖教熾然久住，利益安樂三界眾生。」

爾時，地藏菩薩摩訶薩演說如是大記明呪總持章句，時佉羅帝耶山普皆震動，俱胝天樂不鼓自鳴，雨無量種天妙香花及珍寶等，一切眾會咸悉驚躍，皆獲希

奇，得未曾有。時衆會中有大吉祥天女、具大吉祥天女、大池妙音天女、大堅固天女、具大水天女、放大光天女而為上首，總有一萬八千天女，於四大種皆得自在，從座而起，稽首佛足，合掌恭敬而白佛言：「希有！大德！甚奇！世尊！我等雖於諸四大種得自在轉，而不能知是四大種初中後相生滅違順，如此大士已得微細甚深般若波羅蜜多，能善了知是四大種初中後相生滅違順。」

佛言：「如是！如是！天女！此善男子已得微細甚深般若波羅蜜多，能善了知是四大種初中後相生滅違順。天女！當知如如意珠具足衆德，能雨種種上妙珍寶施諸衆生，此善男子亦復如是，能雨種種覺支珍寶施諸衆生。如寶洲渚，種種珍寶充滿其中，此善男子亦復如是，成就種種覺支珍寶。如天波利質多羅樹，衆妙香花之所嚴飾，此善男子亦復如是，種種微妙佛法珍寶而自莊嚴。如師子王，一切畜獸無能驚伏，此善男子亦復如是，一切衆生無能驚伏。譬如朗日，能滅世間一切昏暗，此善男子亦復如是，能滅一切衆生惡見無明昏暗。譬如明月，於夜分中能示一切失道衆生平坦正路，隨其欲往，皆令得至，此善男子亦復如是，於無明夜能示一切迷三乘道馳騁生死曠野眾生三乘正路，隨其所應，方便安立，令得出離。譬如大地，一切種子樹山稼穡地身眾生之所依止，此善男子亦復如是，一切殊妙菩提分法之所依止。譬如大寶妙高山王，善住堅固無缺無隙，此善男子亦復如是，善住一切不共佛法，由不棄捨諸眾生故，名為無缺，一切善根皆善施與諸眾生故，名為無隙。譬如虛空，一切眾生皆所受用，此善男子亦復如是，一切眾生皆所受用，此善男子成如是等無量無邊諸功德法。」

時諸大眾聞說地藏菩薩摩訶薩成就無量稱讚功德，皆獲希奇，得未曾有，尊重恭敬，皆大歡喜，至心諦觀地藏菩薩，目不暫捨。

爾時，世尊重顯此義而說頌曰：

地藏真大士，　具杜多功德，　現聲聞色相，　來稽首大師。
施諸眾生樂，　救脫三有苦，　雨無量種雨，　為供養大師。
天帝無垢生，　觀察西方已，　合掌恭敬住，　讚請於大師。
我見世尊眾，　末尼寶光明，　遍照諸佛國，　無不皆明了。

六通照世間，今當來至此，勇猛名地藏，現出家威儀。
七聖財伏藏，無畏佛音聲，諸菩薩勝幢，衆生之導首。
解脫寶所依，福海具精進，悲意樂聰敏，救苦諸有情。
與怖者為城，如明月示道，生善根如地，破惑如金剛。
能施解脫寶，如水漂衆惑，煩惱熱為蓋，愈疾如良醫。
一日稱地藏，功德大名聞，勝俱胝劫中，稱餘智者德。
能解諸衆生，一切煩惱縛，至健行定等，諸定之彼岸。
十二緣清淨，諸智如虛空，破無邊佛土，諸有情暗聚。
隨諸土入定，四靜慮等流，普令諸有情，入定除惑熱。
衆生宿惡業，刀兵病飢饉，隨所在惱害，皆能令解脫。
衆生五趣身，諸苦所逼切，歸敬地藏者，有苦悉皆除。
衆生乘苦輪，展轉相違害，歸敬地藏者，皆住忍慈心。
十二緣所怖，追求苦所依，歸敬地藏者，皆安住無畏。

若樂修諸福，正念戒聞慧，歸敬地藏者，所求皆滿足。
樂一一功德，工巧藥種子，歸敬地藏者，所求皆滿足。
求諸穀藥山，男女衣僕使，歸敬地藏者，所求皆滿足。
衆德具相應，能任持大地，因茲諸穀藥，潤澤而細軟。
諸煩惱所覆，樂行十惡業，歸敬地藏者，煩惱惡皆除。
現作種種身，為衆生說法，具足施功德，悲愍諸衆生。
假使百劫中，讚說其功德，猶尚不能盡，故皆當供養。

大乘大集地藏十輪經卷第一

大乘大集地藏十輪經卷第二

三藏法師玄奘奉　詔譯

十輪品第二

爾時，地藏菩薩摩訶薩從座而起，整理衣服，頂禮佛足，偏袒*右肩，右膝著地，合掌恭敬而白佛言：

我今問世尊，　無量功德海，　唯願賜開許，　為解釋除疑！

世尊告曰：「汝真善士！於一切法智見無礙，為欲饒益他有情故，請問如來。隨汝意問，吾當為汝分別解說，令汝心喜。」

於是地藏菩薩摩訶薩以頌問曰：

我曾十三劫，已勤修苦行，為一切有情，除三災五濁。
多俱胝佛所，已設無邊供，曾見大集會，清信衆和合。
聰哲勤精進，皆來同會集，未曾見如是，無諸雜穢衆。
云何此佛國，穢惡損淨善，智者皆遠離，惡行者同居，
多造無間罪，誹謗於正法，毀聖起惡見，妄說斷常論，
具造十惡業，不畏後世苦，多遠離三乘，臭穢向惡趣，
無明蔽其目，貪嫉多姦矯？云何轉佛輪，度此衆生類？
云何破相續，如金剛煩惱？云何得總持，果能如是忍？
今我見導師，大集甚希有，未曾見餘處，具如是衆德。
具杜多功德，勤修菩提道，云何處愚衆，能開示佛輪？

世尊告曰：「善哉！善哉！善男子！汝於過去殑伽沙等諸佛世界五濁惡時，已曾請問殑伽沙等諸佛世尊如是法義，汝於如是所問法義，已作*劬勞，已善通達，已到圓滿衆行彼岸，已得善巧方便妙智。今為成熟一切有情，令得利益安樂

事故；為令一切菩薩摩訶薩，善巧方便聖行伏藏施等六種波羅蜜多，成熟一切有情勝行，一切智智功德大海速圓滿故；為轉一切剎帝利王諸暴惡行，使不墮落三惡趣故；為令此土三寶種姓威德熾盛久住世故，復問如來如是法義。諦聽！諦聽！善思念之！吾當為汝分別解說。」

「唯然！世尊！願樂欲聞。」

爾時，佛告地藏菩薩摩訶薩言：「善男子！如來由本願力成就十種佛輪，居此佛土。五濁惡世一切有情退沒一切白淨善法，匱乏所有七聖財寶，遠離一切聰敏智者，斷常羅網之所覆蔽，常好乘馭諸惡趣車，於後世苦不見怖畏，常處遍重無明黑闇，具足十種不善業道，造五無間，誹謗正法，毀呰賢聖，離諸善法，具諸惡法。我住如是雜惡土中，得安隱住，得無驚恐，得無所畏，自稱我處大仙尊位，轉於佛輪，降諸天魔外道邪論，摧滅一切諸眾生類，猶如金剛堅固煩惱，隨其所樂，安置一切有力眾生，令住三乘不退轉位。

「善男子！譬如有國時虛君位，其中所有一切人民，自軍、他軍更相侵害，憂愁擾亂，人衆不安。有無量種鬪訟違諍，互相欺凌諂言妄語，麁惡乖離誣詷矯亂。種種疾病盲瞖昏闇，寒熱瘧疾、溫氣疫癘，癲癇乾枯、飲食不消，其心狂亂，諸根不具支體缺減，乏少種種衣食資具，一切所有皆不可樂。諸有情類歸依種種外道邪神，惡見、惡心及惡意樂皆悉熾盛，迷失正道，臨墮惡趣。

「時彼國中有諸耆舊，聰明多智、博學平恕、威嚴整肅，相與謀議，運諸籌策。即便召集國邑人民，共所薦推，取一王子，先具多種布施、調伏、寂靜、尸羅，精進勇猛，難行苦行一切備滿，具諸殊勝福德之相，諸根圓滿支體無缺，身形長大相好端嚴，成就最勝美妙容色，常為一切尊重恭敬，率土人民無不親愛，稟性淳質常懷慈悲，博學多才備諸伎藝，柔和忍辱莊嚴其心，是大后妃所生嫡子。以諸妙香熏清淨水，調和冷暖沐浴其身，著於種種上妙香熏，衆寶莊嚴鮮淨衣服，末尼珠寶置在髻中，金寶華鬘冠飾其首，素練輕繒束於髮際，又以種種末尼、真珠、金銀等寶，共所合成珥璫、瓔珞、環玔印等衆妙寶飾莊嚴其身，織成寶履下承其足，衆寶傘蓋上覆其頂。安置古昔一切天仙所護持座，趣入一切天帝同許共所護持，善巧營搆殊妙大殿，登自先王所昇尊座。

「紹王位已，扣擊一切天帝、龍帝、藥叉神帝、阿素洛帝、鳩畔茶帝各所護持廣大鍾鼓，其聲振響周遍國界。刹帝利等四大種姓無量人衆，沐浴其身，著淨衣服，執持種種妙寶繒綵、傘蓋幢幡、末尼真珠、金銀螺貝、璧玉珊瑚、茷琉璃等，生色可染無量珍奇，奉獻新王以呈嘉瑞。貴族淨行博學多才諸婆羅門，以無量種微妙讚頌歌詠帝德，種種善事呪願於王，以諸吉祥散灑王頂。先王所重宿望貴族，博學多藝，性直賢明，隨其所應，授以種種職位官僚，理諸王事。先於國境自軍、他軍更相侵害，今皆令息，亦令一切怨敵惡友能為害者，皆悉殄滅；損除自國一切黑品，增益自國一切白品。

「善男子！刹帝利種灌頂大王，成就如是第一王輪，由此輪故，於自國土得安樂住，能伏一切怨敵惡友，善守護身，令增壽命。

「善男子！如是雜染五濁惡世索訶佛土空無佛時，其中所有一切衆生，為自心中隨眠纏垢，自軍、他軍惱害侵逼，愁憂擾亂愚冥不安，起無量種執著斷常，鬪訟違諍互相輕蔑，起貪、瞋、癡諂誑言等，具足十種不善業道，執著有情紛擾世界，成就種種煩惱疾病，闕正法眼忿恨燒惱，常不思惟真實正法，棄正法味譏毀善行，乏少所受憙樂滋味，常為種種煩惱羅網之所覆蔽，歸依六種外道邪師，迷失聖道向三惡趣。於此土中有諸菩薩摩訶薩，已於過去親近供養無量諸佛，已入諸佛功德大海，已住諸佛本所行道，皆共集會來至我所，同謂我言：『汝於過去已修無量布施、調伏、寂靜、尸羅，精進勇猛，難行苦行一切備滿，是諸微妙福慧、方便、大慈悲等共所莊嚴大功德藏，是一切定總持安忍諸地功德圓滿大海，無諂無誑，身形長大相好圓滿，忍辱柔和端正殊妙，不復依他修菩提道，一切智海已得圓滿，成就最勝美妙容色，能為一切聲聞、獨覺作大導師，亦能安慰一切生死怖畏眾生，與作親友，大慈悲等無量功德共所莊嚴，是羯洛迦孫馱、羯諾迦牟尼、迦葉波如來等父之真子，於此賢劫當得作佛，一切菩薩摩訶薩中最為上首。』

「以諸功德種種妙香，熏奢摩他、毘鉢舍那清淨之水而自沐浴，著慚愧衣，清淨法界為髻中珠，冠飾諸佛所行境界廣大華鬘，束以解脫殊妙素練，又以種種一切智智無生忍等功德珍寶而自莊嚴，慈悲喜捨以為寶履，能覆三界，三種妙行圓滿聖因以為傘蓋，安置古昔諸佛天仙共所護持金剛定座，趣入一切聲聞、獨覺恭敬護持四種念住，坐先諸佛所敷之座，證得無上正等菩提一切智位，為令一切三寶種姓不斷絕故，轉於法輪，擊法鍾鼓，妙法音聲遍滿三界，令諸天、龍、藥叉、羅剎、阿素洛、揭路荼、緊捺洛、莫呼洛伽、鳩畔荼、彌荔多、畢舍遮、布怛那、羯吒布怛那、人非人等，於四聖諦皆得明解，三轉十二行相法輪，一切世間所有沙門，若婆羅門、諸天、魔、梵、人非人等所不能轉，為欲利益安樂世間無量天人，令得殊勝廣大義利，昔所未轉而今轉之。

「善男子！我成如是第一佛輪，由此輪故，如實了知此世、他世是處非處，得安隱住，得無驚恐，得無所畏，降諸天魔外道邪論，轉大梵輪，成大梵行。我應住此雜染世界五濁惡時，處大衆中正師子吼，滅諸有情五無間業，廣說乃至諸不善根，摧滅一切諸衆生類堅如金剛相續煩惱，建立一切永盡諸漏解脫妙果，隨其所樂，安置一切有力眾生，令住三乘不退轉位。

「善男子！如刹帝利灌頂大王，初登王位受帝職已，觀察過去、未來、現在諸王法道，於其種種王業輪中，以善觀察因果報智，隨其所應，建立一切輔臣僚佐，普及國邑愚智人民三種業輪，由此業輪，率土眾生長夜受用，所有種種適意資具喜樂增長，能滅一切怨敵惡友。何等名為三種業輪？一者、建立帝王業輪，謂善教習軍陣鬪戰，降他兵眾，撫育人民；二者、建立田宅業輪，謂善教習造舍、營農，令得安隱，飲食充足；三者、建立財寶業輪，謂善教習工商、雜藝，令得種種珍玩資財，隨意受用，增諸快樂。善男子！刹帝利種灌頂大王成就如是第二王輪，由此輪故，於自國土得安樂住，能伏一切怨敵惡友，善守護身，令增壽命。

「善男子！如是如來初成佛果，得無上智，觀察過去、未來、現在諸佛法眼，以善觀察諸業法受因果報智，建立一切所化有情三種業輪。由此業輪，能令三寶種姓法眼長夜不滅，無上正法熾盛流通，令諸有情長受種種生天涅槃安隱快樂，及令一切外道邪論不能降伏我正法眼，而能如法摧彼邪論。善男子！何等名為三種業輪？一者、建立修定業輪，二者、建立習誦業輪，三者、建立營福業輪。

「善男子！云何如來修定業輪？定有十種，何等為十？謂正觀察諸有識身六種境界，我、我所執以為其因，業為良田，無明覆蓋，愛為滋潤，無有自在依他而立，繫屬衆緣；為欲斷滅業、煩惱、苦三種流故，如是觀察。云何業流？謂諸有情所行諸行。若此諸行所由無明及愛為因，能生諸有，名煩惱流。若由煩惱識為其因，衆緣和合，名色生起；名色為因，衆緣和合，六處生起；六處為因，衆緣和合觸受後有，生、老死等次第生起，是名苦流。如是三流，業為良田，無明為因，愛為滋潤，而得生長。

「為欲枯涸業為良田、無明為因、愛為滋潤三種流故，於五取蘊觀為無常及苦、無我，愚鈍無動，如幻、如焰，如水中月，如夢所見，空無所有，無相無願，無所造作，無生無起，無出無像，寂靜遠離，無所出生。於五取蘊如是觀察，能順空忍，順無相忍，順無願忍。

「為欲隨順觀五取蘊，復方便修入出息觀，即是修習持來去念。云何由念如實觀察入息出息？謂正觀察數故，隨故，止故，觀故，轉故，淨故。應知此中，數能造作二種事業：一、能為依伏諸尋伺，二、能取於入出息相。隨能造作二種事業：一、依出離捨諸尋伺，二、能善取入出息相。止能造作二種事業：一、能示現入出息滅，二、能安住勝三摩地。觀能造作二種事業：一、能示現入出息盡，二、能安住心及心⊙所法別異觀察。轉能造作二種事業：一、能方便捨諸取蘊，二、能方便趣入聖地。淨能造作二種事業：一、能捨結，二、能淨見。如是六種方便修習入出息觀，便能隨順觀五取蘊。所以者何？如是入息、出息自性名色取蘊，如是入息、出息領納名受取蘊，如是入息、出息取相名想取蘊，如是入息、出息造作名行取蘊，如是入息、出息了別名識取蘊。如是所說五種取蘊各各別異，互不相似，新新非故，無住無積，不可言說。如是觀察五種取蘊能除三行，若能如是究竟隨觀三種行盡，便能於此諸有識身六種境界究竟隨觀，我、我所執業於無明愛因田覆潤一切皆盡。如是修習四種念住皆得圓滿，乃至修習八支聖道皆得圓滿。如是乃至修習十八不共佛法皆得圓滿，如是乃至修一切種無生法忍首楞伽摩三摩地等皆得圓滿。如是修習，持來去念入諸靜慮，名住正法勝義有情，名為真實修習靜慮，名為真實供養三世諸佛世尊，名一切佛心中之子，從佛口生，是法所成，是法所化。或有菩薩如是修習漸漸退轉，乃至漏盡成阿羅漢，具六神通。或有菩薩如是修習漸漸增長，功德圓滿，成大菩薩，乃至十八不共佛法，一切種智修習圓滿，此人不久當得無上正等菩提。

「善男子！我以如是諸業法受因果報智，觀察三世諸佛法眼，安立有情於此十種修定業輪，令其修習。善男子！是名如來修定業輪。

「善男子！云何如來習誦業輪？謂諸苾芻、或苾芻尼、鄔波索迦、鄔波斯迦，或復淨信諸善男子、或善女人，善根微薄，依世俗諦，根機未熟，我當安置如是有情，令其習誦，初夜、後夜精勤無怠。若諸有情求無上智，我當安置純淨大乘，令其自讀或教他讀，令其自誦或教他誦，令其自說或教他說，於大乘中，令其自習或教他習，為令自身及他身中大煩惱眾皆除滅故，為令證得無上智故，為除一切有情苦故，為令趣入無畏城故。若諸有情求緣覺乘，我當安置諸緣起法，令其習誦。若諸有情求聲聞乘，我當安置百千文頌四阿笈摩，百千文頌毘奈耶藏，百千文頌阿毘達磨及毘婆沙，令其習誦。善男子！是名如來習誦業輪。

「善男子！云何如來營福業輪？謂諸有情根機愚鈍，未種善根，智慧微劣，懈怠失念，染著種種受用資具，遠離善友，我當安置如是有情，使營福業，謂令修作佛、法、僧事，及親教師、軌範師事。善男子！是名如來營福業輪。

「善男子！我成如是第二佛輪，由此輪故，以其無上三世業智，如實了知一切有情諸業法受因及果報，隨其所應，立三業輪，成熟一切所化有情，得安隱住，得無驚恐，得無所畏，摧諸天魔外道邪論，轉大梵輪，成大梵行，如實了知眾生因報。

「善男子！如刹帝利灌頂大王成善巧智，觀察一切沙門、婆羅門、刹帝利、茷舍、戍達羅等種種功德，多聞勇健、工巧伎藝。若諸眾生富有功德，成巧便智，精進勇猛，堅固不退，種種福德，而自莊嚴，此刹帝利灌頂大王隨彼所應，給施珍寶、財穀、田宅、奴婢、僕使。於自國土，若諸衆生德藝輕微，功業尠薄，此剎帝利灌頂大王隨彼所應，微加賑恤。於自國土，若諸衆生功德薄劣，少於精進，懈怠懶惰，忘失正念，無慈悲心，不知恩報，於後世苦不見怖畏，沒居家泥，積諸惡行，此剎帝利灌頂大王隨彼所應，種種謫罰，或以言教苦切呵責，或奪種種珍寶資財，或奪受用如意產業，或罰鞭杖，或禁牢獄，或斷支節，或斬身首，如是無量隨應謫罰。善男子！剎帝利種灌頂大王成就如是第三王輪，由此輪故，令自國土增長安樂，能伏一切怨敵惡友，善守護身，令增壽命。

「善男子！如是如來成就善巧知根機智。若諸弟子遠離福慧巧方便智，及以布施、調伏、寂靜，失念心亂來至我所，歸依於我，而我善知彼根意樂、隨眠、勝解，隨其所應，為說治罰毘奈耶法。若諸衆生其性佷戾，於諸學處不能奉持，為令久住我之聖教，多有所作，或為制立憶念治罰，或以言教恐怖呵責，或暫驅擯，或令折伏歸誠禮拜，或不與語，不共同利，或如草布，或復滅擯。我以妙智知諸有情補特伽羅根機意樂、隨眠、勝解，如應謫罰，為令皆破廣大積聚無義黑闇，枯竭煩惱諸瀑流故，令得生天涅槃樂故，為行惡道補特伽羅得調伏故，隨其所應，說治罰法，觀察黑說、大說差別；隨其所應，授與治罰行惡道法。我以妙智知諸有情具足成就增上信敬，純淨意樂，隨其所應，為說種種善品差別，令其修學，乃至令彼一切善根皆得圓滿，入無畏城。

「善男子！我成如是第三佛輪，由此輪故，知諸有情補特伽羅種種根機、意樂、隨眠，及與勝解諸業法受，隨其所應，利益安樂，得安隱住，得無驚恐，得無所畏，自稱我處大仙尊位，轉於佛輪，摧諸天魔、外道邪論，處大眾中正師子吼。

「善男子！如剎帝利灌頂大王，知自國土有無量有情補特伽羅，歸依種種邪神外道，起於邪信及起邪見，學邪禁戒，執著修治邪吉凶相，具受種種無利益苦。大王知已，數數召集，以其先王治國正法開悟示現，教習誡勅，令其捨除倒信倒見，修學先王正直舊法，令自國土一切有情，一趣一歸，一意一欲，一切和合同依先王正法，而轉聽受詔命，隨順奉行，率土和同作所應作。時剎帝利灌頂大王常與群臣數數集會，共味嘉餚，受諸快樂，嬉戲遊行，不相猜貳，咸共疇咨理諸王務。善男子！剎帝利種灌頂大王成就如是第四王輪，由此輪故，令自國土增長安樂，能伏一切怨敵惡友，善守護身，令增壽命。

「善男子！如是如來成就善巧知勝解智，見諸世間種種邪歸、邪見、邪意，樂著邪法，行邪業行，由是因緣受無量苦。如來見已，數數召集，於大眾前，以其過去諸佛世尊三寶，種姓因果、六種波羅蜜多、瑜伽依因三律儀等諸因果法，開悟示現、慶慰誡勅一切眾會，令其解脫諸顛倒見，建立正見，安置十善正直舊道，共諸有情數數同修法隨法行，方便引攝，因果等流。為諸有情四眾和合，同修一切殊勝善行，便共遊戲四種念住，於三摩地、解脫智見諸道品中歡娛受樂。為令聖教久住世故，紹三寶種不斷絕故，便共遊戲四正勤、四神足、五根、五力、七等覺支、八聖道支，於其種種勝三摩地、解脫智見諸道品中歡娛受樂。

「善男子！我成如是第四佛輪，由此輪故，知諸有情補特伽羅種種勝解，歸趣意樂諸業法受，隨其所應，利益安樂，得安隱住，得無驚恐，得無所畏，自稱我處大仙尊位，轉於佛輪，摧諸天魔、外道邪論，處大衆中正師子吼。

「善男子！如刹帝利灌頂大王，知自國土或他國土有無量有情補特伽羅，於自財色耽染無厭，於他財色貪求追愛，即便安置堅固城郭、村坊、戍邏、國邑、王宮，廣說乃至舍羅鸚鵡防守衆具，令無損失。善男子！刹帝利種灌頂大王成就如是第五王輪，由此輪故，令自國土增長安樂，能伏一切怨敵惡友，善守護身，令增壽命。

「善男子！如是如來成就善巧知諸性智，知諸惡魔及九十五衆邪外道，并餘無量衆魔、外道所惑有情，於自財色耽染無厭，於他財色貪求追愛，於我自身及我徒衆深生憎嫉，為害我故，假設珍饌雜以毒藥，闇置火坑，偽敷床座，或推山石，或放狂象，拔劍追逐，散坌塵穢，謗行婬欲，毀是不男，或謂非人，或言幻化，以是諸惡而相誹毀。於佛、法、僧亦起無量種種誹謗、罵詈、毀辱，於我近住聲聞弟子，嫉妬因緣起諸毀謗。如來知已善守六根，依四梵住，具四辯才，為諸聲聞宣說法要，安立清淨三解脫門，我以如是世出世間知諸性智，如實了知一切眾生種種無量諸性差別，隨其所應，為作饒益。

「善男子！我成如是第五佛輪，由此輪故，以世出世知諸性智，知諸有情補特伽羅種種無量諸性差別，隨其所應，利益安樂，得安隱住，得無驚恐，得無所畏，自稱我處大仙尊位，轉於佛輪，摧諸天魔、外道邪論，處大眾中正師子吼。

「善男子！如刹帝利灌頂大王安置一切堅固城郭、村坊、戍邏、國邑、王宮，廣說乃至舍羅鸚鵡防守具已，處自宮中，與諸眷屬后妃婇女而自圍遶，遊戲五欲種種樂具，放恣六根受諸喜樂。善男子！刹帝利種灌頂大王成就如是第六王輪，由此輪故，令自國土增長安樂，能伏一切怨敵惡友，善守護身，令增壽命。

「善男子！如是如來與諸菩薩摩訶薩眾及大聲聞，安置一切堅固聖教防守之事，即便現入最初靜慮，乃至現入第四靜慮，現入無邊虛空處定，廣說乃至現入非想非非想定，如是乃至現入一切佛所行定。入此定已，無量百千俱胝那庾多天、龍、藥叉、羅刹、健達縛、阿素洛、揭路荼、緊捺洛、莫呼洛伽、彌荔多、畢舍遮、布怛那、羯吒布怛那等，於諸眾生常懷毒惡損害之心，無慈無悲，於後世苦不見怖畏，而彼見我入於一切佛所行定，皆於我所生大歡喜，起淨信心，於三寶中皆生最勝歡喜淨信，尊重恭敬，得未曾有，於一切惡慚愧發露，深心悔過，誓願永斷。由是因緣，一剎那頃無量無數諸煩惱障、業障、法障皆得銷滅，無量無數福慧資糧皆得成滿，背離生死，趣向涅槃，護持如來無上正法。

「善男子！我成如是第六佛輪，由此輪故，如來遊戲靜慮、解脫、等持、等至無量百千微妙深定，以淨智隨轉，滅諸有情無量煩惱，隨其所應，利益安樂，得安隱住，得無驚恐，得無所畏，自稱我處大仙尊位，轉於佛輪，摧諸天魔、外道邪論，處大眾中正師子吼。

「善男子！如剎帝利灌頂大王與諸群臣領四兵眾，周巡觀察一切自國城邑、聚落、山川、谿澗、園苑、田澤、陂河、池沼、曠野、叢林、鎮邏等處，隨彼所在國界諸方，嶮阻多難，不任營理，有疑有怖，堪容外境怨敵惡友投竄藏伏。此剎帝利灌頂大王隨其力能，方便安置種種修理，堅固防守，令彼諸方平坦無難，堪任營理，無疑無怖，遮其外境怨敵惡友投竄藏伏，安撫自國一切人民皆離眾苦，受諸快樂。善男子！剎帝利種灌頂大王成就如是第七王輪，由此輪故，令自國土增長安樂，能伏一切怨敵惡友，善守護身，令增壽命。

「善男子！如是如來以其佛眼，如實了知一切有情補特伽羅有貪、有瞋、有癡心等，如實了知是諸有情種種煩惱病行差別，如來知已，便起無量精進勇猛方便勢力，隨其所宜，授以種種修定妙藥，令諸有情精勤修學，除煩惱病。若諸有情宜修不淨除煩惱病，即便授以修不淨藥。若諸有情宜修梵住除煩惱病，即便授以修梵住藥。若諸有情宜修緣起除煩惱病，即便授以修緣起藥。若諸有情宜修息念除煩惱病，即便授以修息念藥。若諸有情宜可修於三解脫門除煩惱病，即便授以修於三種解脫門藥。若諸有情宜修靜慮除煩惱病，即便授以修靜慮藥。若諸有情宜修無色除煩惱病，即便授以修無色藥。若諸有情乃至宜修首楞伽摩諸三摩地除煩惱病，即便授以首楞伽摩三摩地藥。所以如來授諸有情如是法藥，不令一切所化有情為四魔怨之所繫攝，不令一切所化有情背人天乘，向諸惡趣，不令如來無上法眼三寶*種姓速疾壞滅，由是如來授諸有情如是法藥。

「善男子！我成如是第七佛輪，由此輪故，以其無上遍行行智，授諸眾生種種法藥，令勤修學，除煩惱病，得安隱住，得無驚恐，得無所畏，自稱我處大仙尊位，轉於佛輪，摧諸天魔、外道邪論，處大眾中正師子吼。

「善男子！如剎帝利灌頂大王憶念自他本昔種姓初生、童子嬉戲等事，謂憶自他於如是處初生沐浴，懷抱乳哺，按摩支節，乃至戲笑，或弄灰土，或與侍從種種遨遊，或習伎藝，或復修營種種事業，或遊他國夙夜栖泊，或奉事王，或理王務，或為太子，或登王位，得大自在，受諸快樂，廣大名稱遍諸方維。念是事已，安立先王所遵正法，撫育一切國土人民，守護自國，不侵他境。善男子！剎帝利種灌頂大王成就如是第八王輪，由此輪故，令自國土增長安樂，能伏一切怨敵惡友，善守護身，令增壽命。

「善男子！如是如來處大眾會，憶念自他宿世所經無量種事，謂憶一生，或二、或三，乃至無量百千生事，或憶成劫，或憶壞劫，或憶無量成劫、壞劫，曾於過去住如是處，如是名字，如是種姓，如是種類，如是飲食，如是領納苦受、樂受，如是壽量，如是久住，如是極於壽量邊際，從彼處沒來生此間，復從此沒往生彼處。憶念宿世如是等事無量無邊，隨諸眾生根性差別，建立正法，為作饒益。

「善男子！我成如是第八佛輪，由此輪故，利益安樂無量有情，得安隱住，得無驚恐，得無所畏，自稱我處大仙尊位，轉於佛輪，摧諸天魔、外道邪論，處大眾中正師子吼。

「善男子！如剎帝利灌頂大王隨念觀察自國有情種姓伎藝及諸事業，死此生彼，因果勝劣差別不同，知彼有情生如是家，其身勇健，或復怯弱，於諸伎藝已學未學，所有事業善作惡作，富貴貧賤、端正醜陋如是等類，乃至命終或有自業未盡而死，或有自業已盡而死，或犯王法刑戮而死，或有遮相殘害而死，或因鞭杖捶楚而死，或因囹圄幽縶而死，或因習學伎藝而死，或因戰陣傷殺而死，或因鬪諍歐擊而死，或因財寶貪悋而死，或因色欲耽湎而死，或因忿恨結憤而死，或因勞倦頓弊而死，或因飢渴乏絕而死，或有過死，或無過死，或耆年死，或壯年死，或幼年死，或作種種善業而死，或作種種惡業而死。知諸有情行善行者，身壞命終當往善趣；知諸有情行惡行者，身壞命終當往惡趣。知是事已復自思惟：『我當正勤修身善行，修語善行，修意善行。我當施設種種方便，修行布施、調伏、寂靜，身壞命終當往善趣，勿墮惡趣。』此刹帝利灌頂大王思惟是已，勇猛精進，修身、語、意三種善行，常行布施，一切所有飲食衣服、象馬騎乘、臥具醫藥、房舍燈明，及餘資具、奴婢僮僕、種種珍財，頭目手足乃至身命無所悋惜。及離殺生，離不與取，離欲邪行，離虛誑語，離麁惡語，離離間語，離雜穢語，離諸貪欲，離諸瞋恚，離諸邪見。由是因緣，此刹帝利灌頂大王當獲十種功德勝利。何等為十？一者、具大名稱，二者、具大財寶，三者、具妙色相，四者、具多眷屬，五者、少病少惱，六者、朋友眷屬聰慧多聞，七者、正至正行親近供養，八者、廣美聲譽流振十方，九者、大威德天神常隨衛護，十者、身壞命終當生天上，常居善趣安樂國土。

「善男子！刹帝利種灌頂大王成就如是第九王輪，由此輪故，令自國土增長安樂，能伏一切怨敵惡友，善守護身，令增壽命。

「善男子！如是如來如實了知一切有情死生等事，謂如實知若諸有情成身惡行，成語惡行，成意惡行，誹謗賢聖，具足邪見、邪見業因，身壞命終墮諸惡趣，或生地獄，或生傍生，或生餓鬼；若諸有情成身善行，成語善行，成意善行，不謗賢聖，具足正見、正見業因，身壞命終昇諸善趣，或生天上，或生人中，或盡諸漏。如來如是如實知已，於彼衆生起大慈悲，勇猛精進，現三神變，令彼衆生歸趣佛法，教誡安置，成立世間出世間信。何等為三？一者、神通變現，二者、記說變現，三者、教誡變現。由是三種變現威力，勸發有情，教誡安置，成立世間出世間信，令於一切有趣死生皆得解脫。

「善男子！我成如是第九佛輪，由此輪故，利益安樂無量有情，得安隱住，得無驚恐，得無所畏，自稱我處大仙尊位，轉於佛輪，摧諸天魔、外道邪論，處大衆中正師子吼。

「善男子！如刹帝利灌頂大王為除四洲無量有情種種身病，棄捨王位，以諸香湯沐浴身首，著鮮淨衣，端坐思惟，於諸衆生其心平等，慈悲護念，為令解脫一切病故，以其種種香花伎樂及餘供具，供養一切大威德天神。爾時，一切天帝、龍帝，乃至莫呼洛伽神帝知是事已，各相謂言：『此剎帝利灌頂大王具諸功德，有大威神，應作輪王統四洲渚，我等宜應共往建立，令復王位，統四洲渚，令諸衆生無病安樂。』時諸天帝乃至莫呼洛伽神帝即便共往，立剎帝利灌頂大王轉輪王位，令具七寶，統四大洲，皆得自在，千子具足，勇健端正，能摧怨敵，跨王大地，亘窮海際，謫罰皆停，刀杖不舉，咸修正法，普受安樂。

「善男子！剎帝利種灌頂大王成就如是第十王輪，由此輪故，於四大洲爰及八萬四千小渚，安立其中諸有情類十善業道，善守護身，令增壽命，身壞命終，當生天中受諸妙樂。

「善男子！如是如來昔菩薩位，知自他身有無量種諸煩惱病，以定香水洗浴其身，及以諦法大慈大悲灌沐其首，著慚愧衣，十方一切諸佛世尊以諸靜慮、等持、精進、方便智意、慈悲護念，咸作是言：『如是大士是大福慧莊嚴寶器，堪容一切三種不護、四無所畏、如來十力，及與十八不共佛法，堪得無上一切智智，大慈大悲無不具足，常欣利樂一切眾生，是求佛寶商人導首，能救有情生死眾苦，能施有情涅槃大樂，我等一切諸佛世尊應以誠言與其所願，令成如來、應、正等覺，得無上法，為大法王。』我於爾時，依福慧力勇猛精進，於四聖諦如實知已，證得無上正等菩提。

「善男子！如轉輪王統四大洲皆得自在，如是如來於四靜慮、四無色定、四種梵住、四無礙解、四聖諦觀、四無所畏、如來十力，及與十八不共佛法、一切種智皆得自在。如轉輪王具足七寶，如是如來成就七種菩提分寶。如轉輪王千子具足，勇健端正，能伏怨敵，如是如來有阿若多憍陳那為最初、蘇跋陀羅蘇剌多為最後諸大聲聞，從佛心生，從佛口生，從法化生，得佛法分，諸漏永盡，名為勇健，具四梵住，名為端正，能伏一切天魔外道異論怨敵。如轉輪王化及八萬四千小渚，如是如來於百俱胝南贍部洲，於百俱胝西瞿陀尼洲，於百俱胝東毘提訶洲，於百俱胝北俱盧洲，於百俱胝諸大溟海，於百俱胝諸妙高山，於百俱胝四大王天，於百俱胝乃至非想非非想天，於百俱胝大輪圍山，於此高廣一佛土中，言音施化皆得自在。

「善男子！我成如是第十佛輪，由此輪故，如實了知自身、他身諸漏永盡，利益安樂無量有情，得安隱住，得無驚恐，得無所畏，自稱我處大仙尊位，轉於佛輪，摧諸天魔、外道邪論，處大衆中正師子吼。

「善男子！我成如是十種佛輪，本願力故，居此佛土。五濁惡世一切有情，損減一切白淨善法，匱乏所有七聖財寶，遠離一切聰*敏智者，斷常羅網之所覆蔽，常好乘馭諸惡趣車，於後世苦不見怖畏，常處遍重無明黑闇，具十惡業，造五無間，誹謗正法，毀呰賢聖，離諸善法，具諸惡法。我於其中成就如是佛十輪故，得安隱住，得無驚恐，得無所畏，自稱我處大仙尊位，轉於佛輪，降諸天魔、外道邪論，摧滅一切諸有情類猶如金剛堅固煩惱，隨其所樂，安立一切有力衆生，令住三乘不退轉位。」

爾時，會中一切菩薩摩訶薩衆、一切聲聞、一切天龍，廣說乃至一切羯吒布怛那衆、人非人等，皆大歡喜，同唱善哉！雨大香雨，雨大花雨，雨衆寶雨，雨大衣雨，一切大地皆悉震動。聞說如是十種佛輪，於衆會中有八十四百千那庾多菩薩摩訶薩得無生法忍，復有無量菩薩摩訶薩獲得種種諸陀羅尼三摩地忍，復有無量無數有情初發無上正等覺心，得不退轉，復有無量無數有情逮得果證。

大乘大集地藏十輪經卷第二

大乘大集地藏十輪經卷第三

三藏法師玄奘奉　詔譯

無依行品第三之一

爾時，會中有大梵天名曰天藏，久殖善根，住第十地，具諸菩薩摩訶薩德，即從座起，合掌禮佛而說頌言：

功德藏慧海，　我今問所疑，　願慧海垂聽，　為我除疑滯。
我等今渴仰，　德藏勝法味，　及最上義味，　舉衆咸欲聞。

佛告天藏大梵天言：「如來今者恣汝意問，當隨問答，令汝心喜。」

大梵天言：「唯然！世尊！」

以頌問曰：

利慧修定者，　安住不放逸，　為住勝義諦，　為依止生死？
晝夜於法義，　精勤而誦習，　為渡煩惱海，　為退墮惡趣？
勇猛勤營福，　為定趣涅槃，　為處生死中，　退墮於惡趣？
聰慧剎帝利，　成就十種輪，　為沈生死中，　為當升佛果？
雜染心難伏，　諸煩惱所亂，　以何淨其心，　修定福誦業？

爾時，世尊告彼天藏大梵天曰：「善哉！善哉！汝善辯才能問斯義。汝於此法已作劬勞，汝於諸行已得圓滿，汝於過去殑伽沙等佛世尊所，已勤三業，興隆正法，紹三寶種；今為饒益無量眾生，復問如來如是深義。

「善男子！有大記別法名無依行，過去一切諸佛世尊為欲成熟諸有情故，為令厭離生死法故，為令除斷業煩惱故，為令三乘速圓滿故，宣說住持此無依行大記別法；現在十方諸佛世尊亦為成熟諸有情故，為令厭離生死法故，為令除斷業煩惱故，為令三乘速圓滿故，宣說住持此無依行大記別法；未來一切諸佛世尊亦為成熟諸有情故，為令厭離生死法故，為令除斷業煩惱故，為令三乘速圓滿故，宣說住持此無依行大記別法。汝於過去諸如來所，已具得聞此無依行大記別法，我於今者亦為成熟諸有情故，為令厭離生死法故，為令除斷業煩惱故，為令三乘速圓滿故，宣說住持此無依行大記別法。汝應諦聽！善思念之！吾當為汝分別解說。」

爾時，天藏大梵天言：「唯然！世尊！願樂欲聞。」

佛言：「大梵！有十種無依行法，若修定者隨有一行，尚不能成欲界善根，設使先成尋還退失，況當能成色、無色定，乃至三乘隨成一乘！何等為十？一者、世有一類，雖欲修定而乏資緣，經求擾亂；二者、復有一類，雖欲修定而犯尸羅，行諸惡行；三者、復有一類，雖欲修定而顛倒見，妄執吉凶，身心剛強；四者、復有一類，雖欲修定而心掉動，不順賢聖，諸根輕躁；五者、復有一類，雖欲修定而離間語，破亂彼此；六者、復有一類，雖欲修定而麁惡語毀罵賢聖；七者、復有一類，雖欲修定而雜穢語及虛誑語；八者、復有一類，雖欲修定而懷貪嫉，於他所得利養恭敬心不歡悅；九者、復有一類，雖欲修定而懷瞋忿，於諸有情心常憤恚；十者、復有一類，雖欲修定而懷邪見，撥無因果。大梵！當知是名十種無依行法，若修定者隨有一行，尚不能成欲界善根，設使先成，尋還退失，況當能成色、無色定，乃至三乘隨成一乘！

「復次，大梵！又有十種無依行法，若修定者隨有一行，終不能成諸三摩地，設使先成，尋還退失。何等為十？一者、樂著事業，二者、樂著談論，三者、樂著睡眠，四者、樂著營求，五者、樂著艷色，六者、樂著妙聲，七者、樂著芬香，八者、樂著美味，九者、樂著細觸，十者、樂著尋伺。大梵！當知是名十種無依行法，若修定者隨有一行，終不能成諸三摩地，設使先成，尋還退失。若不能成諸三摩地，雖集所餘諸善法聚而有是事，追求受用信施因緣，發起惡心心所有法，於諸國王大臣等所犯諸過罪，或被呵罵，或被捶打，或被斷截肢節手足。由是因緣，或成重病長時受苦，或疾命終於三惡趣隨生一所，乃至或生無間地獄，如嗢達洛迦、阿邏荼底沙、瞿波理迦、提婆達多如是等類，退失靜慮，乃至墮於無間地獄，受無量種難忍大苦。」

爾時，世尊告阿若多憍陳那言：「吾聽汝等給阿練若修定苾芻最上房舍，最上臥具，最上飲食，一切僧事皆應放免。所以者何？諸修定者若乏資緣，即便發起一切惡心、心所有法，不能成就諸三摩地，乃至墮於無間地獄，受無量種難忍大苦。修定行者若具資緣，諸三摩地未成能成，若先已成，終不退失，由此不起一切惡法，廣說乃至不善尋伺，往生天上證得涅槃。修定行者，若未成就諸三摩地，初夜、後夜當捨睡眠，精進修學，遠離憒閙，少欲知足，無所顧戀，一切貪、瞋、忿覆、惱害、憍慢、貢高、慳悋、嫉妬、離間、麁惡、虛誑、雜穢，一切人間嬉戲放逸，皆悉遠離。如是行者，應受釋、梵、護世四王、轉輪王等讚歎禮拜，恭敬承事，奉施百千那庾多供，況刹*帝利、婆羅門、茷舍、戍達羅等！未得定者，尚應受此讚歎禮拜，恭敬承事，奉施供養，何況已得三摩地者！」

爾時，世尊而說頌曰：

修定能斷惑，　餘業所不能，
故修定為尊，　智者應供養。

爾時，天藏大梵天言：「大德世尊！於佛法中而出家者，若刹帝利、大臣宰相以鞭杖等捶拷其身，或閉牢獄，或復呵罵，或解肢節，或斷其命，為當合爾，為不合耶？」

佛告天藏大梵天言：「善男子！若諸有情於我法中出家，乃至剃除鬚髮，被片袈裟，若持戒、若破戒，下至無戒，一切天、人、阿素洛等依俗正法，猶尚不合以鞭杖等捶拷其身，或閉牢獄，或復呵罵，或解肢節，或斷其命，況依非法！何以故？除其一切持戒多聞於我法中而出家者，若有破戒行諸惡法，內懷腐敗如穢蝸螺，實非沙門自稱沙門，實非梵行自稱梵行，恒為種種煩惱所勝，敗壞傾覆，如是破戒諸惡苾芻猶能示導一切天、龍、藥叉、健達縛、阿素洛、揭路荼、緊捺洛、莫呼洛伽、人非人等，無量功德珍寶伏藏。

「又，善男子！於我法中而出家者，雖破戒行，而諸有情覩其形相，應生十種殊勝思惟，當獲無量功德寶聚。何等為十？謂我法中而出家者，雖破戒行，而諸有情或有見已生於念佛慇重信敬殊勝思惟，由是因緣，終不歸信諸外道師書論徒衆，乃至能入離諸怖畏大涅槃城。或有見已生念聖戒殊勝思惟，由是因緣，能離殺生，離不與取，離欲邪行，離虛誑語，離飲諸酒生放逸處，乃至能入離諸怖畏大涅槃城。或有見已生念布施殊勝思惟，由是因緣，得大財位，親近供養正至正行，乃至能入離諸怖畏大涅槃城。或有見已生念忍辱柔和質直殊勝思惟，由是因緣，便能遠離離間麁惡、雜穢瞋忿，乃至能入離諸怖畏大涅槃城。或有見已生念出家精勤修行殊勝思惟，由是因緣，能捨家法趣於非家，勇猛精進修諸勝行，乃至能入離諸怖畏大涅槃城。或有見已生念遠離諸散亂心，靜慮等至殊勝思惟，由是因緣，心樂山林阿練若處，晝夜精勤修諸定行，乃至能入離諸怖畏大涅槃城。或有見已生念智慧殊勝思惟，由是因緣，欣樂聽聞，讀誦正法，乃至能入離諸怖畏大涅槃城。或有見已生念宿殖出離善根殊勝思惟，軟語慰問乃至禮足，由是因緣，當生尊貴大勢力家，無量有情咸共瞻仰，乃至能入離諸佈畏大涅槃城。善男子！於我法中而出家者，雖破戒行，而諸有情覩其形相生此十種殊勝思惟，當獲無量功德寶聚。是故，一切刹帝利王、大臣宰相決定不合以鞭杖等捶拷其身，或閉牢獄，或復呵罵，或解支節，或斷其命。

「復次，大梵！若有依我而出家者，犯戒惡行，內懷腐敗如穢蝸螺，實非沙門自稱沙門，實非梵行自稱梵行，恒為種種煩惱所勝，敗壞傾覆，如是苾芻雖破禁戒行諸惡行，而為一切天、龍、藥叉、健達縛、阿素洛、揭路荼、緊捺洛、莫呼洛伽、人非人等，作善知識，示導無量功德伏藏。如是苾芻雖非法器，而剃鬚髮被服袈裟，進止威儀同諸賢聖，因見彼故，無量有情種種善根皆得生長，又能開示無量有情，善趣生天涅槃正路。是故，依我而出家者，若持戒、若破戒，下至無戒，我尚不許轉輪聖王及餘國王諸大臣等依俗正法，以鞭杖等捶拷其身，或閉牢獄，或復呵罵，或解支節，或斷其命，況依非法！

「大梵！如是破戒惡行苾芻，雖於我法毘奈耶中名為死尸，而有出家戒德餘勢，譬如牛麝身命終後，雖是無識傍生死尸，而牛有黃，而麝有香，能為無量無邊有情作大饒益；破戒苾芻亦復如是，雖於我法毘奈耶中名為死尸，而有出家戒德餘勢，能為無量無邊有情作大饒益。大梵！譬如賈客入於大海，殺彼一類無量眾生，挑取其目，與末達那果和合擣篵成眼寶藥，若諸有情盲冥無目，乃至胞胎而生盲者，持此寶藥塗彼眼中，所患皆除，得明淨目；破戒苾芻亦復如是，雖於我法毘奈耶中名為死尸，而有出家威儀形相，能令無量無邊有情暫得見者尚獲清淨智慧法眼，況能為他宣說正法！大梵！譬如燒香，其質雖壞，而氣芬馥熏他令香；破戒苾芻亦復如是，由破戒故，非良福田，雖恒晝夜信施所燒，身壞命終墮三惡趣，而為無量無邊有情作大饒益，謂皆令得聞於生天涅槃香氣。

「是故，大梵！如是破戒惡行苾芻，一切白衣皆應守護恭敬供養，我終不許諸在家者以鞭杖等捶拷其身，或閉牢獄，或復呵罵，或解支節，或斷其命。我唯許彼清淨僧眾於布薩時、或自恣時驅擯令出，一切給施四方僧物、飲食資具不聽受用，一切沙門毘奈耶事皆令驅出，不得在眾；而我不許加其鞭杖，繫縛斷命。」

爾時，世尊而說頌曰：

瞻博迦華雖萎悴，而尚勝彼諸餘華，破戒惡行諸苾芻，猶勝一切外道眾。

「復次，大梵！有五無間大罪惡業，何等為五？一者、故思殺父，二者、故思殺母，三者、故思殺阿羅漢，四者、倒見破聲聞僧，五者、惡心出佛身血，如是五種名為無間大罪惡業。若人於此五無間中隨造一種，不合出家及受具戒。若令出家或受具戒，師便犯罪，彼應驅擯，令出我法。如是之人，以有出家威儀形相，我亦不許加其鞭杖，或閉牢獄，或復呵罵，或解支節，或斷其命。

「復有四種近五無間大罪惡業根本之罪，何等為四？一者、起不善心殺害獨覺，是殺生命大罪惡業根本之罪；二者、婬阿羅漢苾芻尼僧，是欲邪行大罪惡業根本之罪；三者、侵損所施三寶財物，是不與取大罪惡業根本之罪；四者、倒見破壞和合僧衆，是虛誑語大罪惡業根本之罪。若人於此四近無間大罪惡業根本罪中隨犯一種，不合出家及受具戒。若令出家或受具戒，師便得罪，彼應驅擯，令出我法。如是之人，以有出家及受具戒威儀形相，我亦不許加其鞭杖，或閉牢獄，或復呵罵，或解支節，或斷其命。

「如是或有是根本罪非無間罪，有無間罪非根本罪，有根本罪亦無間罪，有非根本罪亦非無間罪。何等名為是根本罪亦無間罪？謂我法中先已出家受具戒者，故思殺他已到究竟見諦人等，如是名為是根本罪亦無間罪，此於我法毘奈耶中應速驅擯。何等名為是根本罪非無間罪？謂我法中先已出家受具戒者，故思殺害他異生人，下至方便與人毒藥墮其胎藏，如是名為是根本罪非無間罪；此人不應與僧共住，諸有給施四方僧物，亦不應令於中受用。何等名為是無間罪非根本罪？謂若有人或受三歸，或受五戒，或受十戒，於五無間隨造一種，如是名為是無間罪非根本罪，如是之人不合出家，及受具戒，若令出家或受具戒，師便得罪，彼應驅擯，令出我法。何等名為非根本罪亦非無間罪？謂若有人或受三歸，或受五戒，於佛、法、僧而生疑心，或歸外道以為師導，或執種種若少若多吉凶之相，祠祭鬼神；若復有人於諸如來所說正法，或聲聞乘相應正法，或獨覺乘相應正法，或是大乘相應正法，誹謗遮止，自不信受，令他厭背，障礙他人讀誦書寫，下至留難一頌正法，如是名為非根本罪亦非無間，而生極重大罪惡業近無間罪。如是之人若未懺悔除滅如是大罪惡業，不合出家及受具戒，若令出家或受具戒，師便得罪，彼應驅擯，令出我法；若已出家或受具戒犯如是罪，若不懺悔，此於我法毘奈耶中應速驅擯。所以者何？此二種人習行破毀正法眼行，習行隱滅正法燈行，習行斷絕三寶種行，令諸天人習行無義無利苦行，墮諸惡趣，此二種人自謗正法，毀呰賢聖，亦令他人誹謗正法，毀呰賢聖，命終當墮無間地獄，經劫受苦，不可療治。

「復次，大梵！或有遮罪無依行法，或有性罪無依行法，於性罪中，或有根本無依行法。云何根本無依行法？謂若苾芻行非梵行，犯根本罪；或以故思殺異生人，犯根本罪；或復偷盜非三寶物，犯根本罪；或大妄語，犯根本罪。若有苾芻於此四種根本罪中隨犯一種，於諸苾芻所作事業令受折伏，一切給施四方僧物，皆悉不聽於中受用，而亦不合加其鞭杖，或閉牢獄，或復呵罵，或解支節，或斷其命，如是名為於性罪中根本重罪無依行法。何故說名為根本罪？謂若有人犯此四法，身壞命終墮諸惡趣，是諸惡趣根本罪故，是故說名為根本罪。何故無間及近無間根本罪等，說名極重大罪惡業無依行法？善男子！譬如鐵摶鉛錫摶等，擲置空中，終無暫住，必速墮地；造五無間及近無間四根本罪，并謗正法、疑三寶等二種罪人亦復如是，若人於此十一罪中隨造一種，身壞命終，無餘間隔，定生無間大地獄中受諸劇苦，故名極重大罪惡業無依行法。犯此極重大罪惡業無依行法補特迦羅，於現身中決定不能盡諸煩惱，尚不能成諸三摩地，況能趣入正性離生！彼人命終定生地獄受諸重苦。

「復次，大梵！若善男子、若善女人以淨信心歸依我法，或趣聲聞乘，或趣獨覺乘，或趣大乘，於我法中淨信出家，受具足戒，於諸學處深心敬重，於四根本性罪戒中堅固勇猛，精勤守護；如是之人，常為一切人非人等隨逐擁衛，名不虛受人天供養，於三乘中，隨所欣樂，速能趣入成辦究竟。是故真實求涅槃者，寧捨身命，終不毀犯如是四法。所以者何？諸有情類要由三因得涅槃樂，一者、依止如來為因，二者、依我聖教為因，三者、依我弟子為因。諸有情類依此三因精勤修行，得涅槃樂。若人毀犯如是四法，我非彼師，彼非弟子。若人毀犯如是四法，則為違越我所宣說甚深廣大無常、苦、空、無我、相應利益安樂一切有情別解脫教，若越如是別解脫教，則於一切靜慮、等持皆成盲冥，不能趣入，為諸煩惱惡業纏縛，於三乘法亦為非器，當墮惡趣受諸重苦。若善男子、若善女人於我所說別解脫教所制四種根本重罪清淨無犯，我是彼師，彼是弟子，隨順我語，善住我法，一切所作皆當成滿。此人善住尸羅蘊故，名為善住一切善法，或名具足住聲聞乘，或名具足住獨覺乘，或名具足住於大乘。所以者何？若能護持如是性罪四根本法，當知則為建立一切有漏、無漏善法勝因。是故，護持如是四法，名為一切善法根本。如依大地，一切藥穀卉木叢林皆得生長，如是依止極善護持四根本戒，一切善法皆得生長。如依大地，一切諸山、小輪圍山、大輪圍山、妙高山王皆得安住，如是依止極善護持四根本戒，諸聲聞乘及獨覺乘、無上大乘皆得安住。如依大地，求得一切世間美味，如是依止極善護持四根本戒，求得一切念、定、總持、安忍聖道，乃至無上正等菩提。又如大地於淨不淨皆等任持，極善護持四根本戒諸善男子及善女人亦復如是，於其法器及非法器，其心平等，不譏不弄，不自貢高，不卒呵舉，能為一切善法生處。又如大地，一切有情皆共受用而得存活，極善護持四根本戒諸善男子及善女人亦復如是，於諸如來所說正法生長第一歡喜淨信，於諸有情無差別想，以四攝法平等攝受，一切有情皆共依止，受用法樂而自存活。」

爾時，尊者優波離聞佛所說，從座而起，整理衣服，頂禮佛足，偏袒一肩，右膝著地，合掌恭敬白佛言：「世尊！如佛所說，極善護持四根本戒諸善男子及善女人，於其法器及非法器，其心平等，不譏不弄，不自貢高，不卒呵舉；若如是者，於未來世有諸苾芻破戒惡行，實非沙門自稱沙門，實非梵行自稱梵行，諸苾芻僧於是人等，云何方便呵舉驅擯？」

佛告尊者優波離言：「我終不許外道俗人舉苾芻罪，我尚不許諸苾芻僧不依於法率爾呵舉破戒苾芻，何況驅擯！若不依法，率爾呵舉破戒苾芻，或復驅擯，便獲大罪。

「優婆離！汝今當知有十非法率爾呵舉破戒苾芻便獲大罪，諸有智者皆不應受。何等為十？一者、不和僧眾，於國王前率爾呵舉破戒苾芻；二者、不和僧眾，梵志眾前率爾呵舉破戒苾芻；三者、不和僧眾，宰官眾前率爾呵舉破戒苾芻；

四者、不和僧眾，於諸長者居士眾前率爾呵舉破戒苾芻；五者、女人眾前率爾呵舉破戒苾芻；六者、男子眾前率爾呵舉破戒苾芻；七者、淨人眾前率爾呵舉破戒苾芻；八者、眾多苾芻、苾芻尼前率爾呵舉破戒苾芻；九者、宿怨嫌前率爾呵舉破戒苾芻；十者、內懷忿恨，率爾呵舉破戒苾芻。如是十種名為非法率爾呵舉破戒苾芻便獲大罪，設依實事而呵舉者，尚不應受，況於非實！諸有受者亦得大罪。

「復有十種非法呵舉破戒苾芻便獲大罪，諸有智者亦不應受。何等為十？一者、諸餘外道呵舉苾芻，二者、不持禁戒在家白衣呵舉苾芻，三者、造無間罪呵舉苾芻，四者、誹謗正法呵舉苾芻，五者、毀呰賢聖呵舉苾芻，六者、癡狂心亂呵舉苾芻，七者、痛惱所纏呵舉苾芻，八者、四方僧淨人呵舉苾芻，九者、守園林人呵舉苾芻，十者、被罰苾芻呵舉苾芻。如是十種非法呵舉破戒苾芻便獲大罪，設依實事而呵舉者，亦不應受，況於非實！諸有受者亦得大罪。

「復次，優波離！若有苾芻毀犯禁戒，與僧共住，於僧眾中，有餘苾芻軌則所行皆悉具足，一切五德無不圓滿，應從坐起，整理衣服，恭敬頂禮苾芻僧足，便至破戒惡苾芻前求聽舉罪，作如是言：『長老憶念！我今欲舉長老所犯，以實非虛妄，應時不非時，軟語非麁獷，慈心不瞋恚，利益非損減，為令如來法眼法燈久熾盛故，長老聽者，我當如法舉長老罪。』彼若聽者，便應如法如實舉之。彼若不聽，復應頂禮上座僧足，恭敬白言：『如是苾芻犯如是事，我依五法如實舉之。』時僧衆中上坐苾芻應審觀察能舉所舉及所犯事虛實輕重，依毘奈耶及素怛纜，方便撿問，慰喻呵責，以七種法如應滅除；若犯重罪應重治罰，若犯中罪應中治罰，若犯輕罪應輕治罰，令其慚愧，懺悔所犯。」

時優波離復白佛言：「世尊！若實有過惡行苾芻，恃白衣力、或財寶力、或多聞力、或詞辯力、或弟子力，以如是等諸勢力故，凌拒僧衆，上坐苾芻持素怛纜及毘奈耶、摩怛理迦者，如法教誨，皆不承順，如是苾芻云何治罰？」

佛言：「優波離！上座苾芻持三藏者，應和僧衆，遣使告白國王大臣，令助威力，然後如實依法治罰。」

時優波離復白佛言：「世尊！若彼有過惡行苾芻，以財寶力、或多聞力、或詞辯力、或以種種巧方便力，令彼國王大臣歡喜，皆住破戒非法朋中，容縱如是惡苾芻罪，不聽如實依法治罰，爾時僧眾應當云何？」

佛言：「優波離！若彼苾芻行無依行，於僧眾中麁重罪相未彰露者，是時僧眾應權捨置，若彼苾芻行無依行，於僧眾中麁重罪相已彰露者，是時僧眾應共和合，依法驅擯，令出佛法。優波離！譬如鷰麥在麥田中，牙莖枝葉與麥相似，穢雜淨麥，乃至彼草其穗未出，是時農夫應權捨置，穗既出已，是時農夫恐穢淨麥，并根剪拔棄於田外。行無依行破戒苾芻亦復如是，恃白衣等種種勢力，住於僧中威儀形相，與僧相似，穢雜清眾，乃至善神未相覺發，於僧眾中，麁重罪相未彰露者，是時僧眾應權捨置；若諸善神已相覺發，於僧眾中，麁重罪相已彰露者，是時僧眾應共和合，依法驅擯，令出佛法。優波離！譬如大海不宿死尸，我聲聞僧諸弟子眾亦復如是，不與破戒惡行苾芻死尸共住。」

時優波離復白佛言：「世尊！若彼破戒惡行苾芻，僧眾和合共驅擯已，彼惡苾芻以財寶力、或多聞力、或詞辯力、或以種種巧方便力，令彼國王大臣歡喜，皆住破戒非法朋中，以威勢力凌逼僧眾，還令如是破戒苾芻與僧共住，爾時僧眾當復云何？」

佛言：「優波離！爾時僧中有能悔愧持戒苾芻，為護戒故，不應瞋罵破戒苾芻，但應告白國王大臣，或恐凌逼而不告白，應捨本居別往餘處。」

大乘大集地藏十輪經卷第三

大乘大集地藏十輪經卷第四

三藏法師玄奘奉　詔譯

無依行品第三之二

爾時，地藏菩薩摩訶薩復白佛言：「大德世尊！頗有佛土五濁惡世空無佛時，其中衆生煩惱熾盛，習諸惡行，愚癡佷戾難可化*導，謂刹帝利旃荼羅、宰官旃荼羅、居士旃荼羅、長者旃荼羅、沙門旃荼羅、婆羅門旃荼羅。如是等人善根微少，無有信心，諂曲愚癡，懷聰明慢，不見不畏後世苦果，離善知識，乃至趣向無間地獄；如是等人為財利故，與諸破戒惡行苾芻相助，共為非法朋黨，皆定趣向無間地獄。若有是處，我當住彼，以佛世尊如來法王利益安樂一切有情，無上微妙甘露法味方便化導，令得受行，拔濟如是刹帝利旃荼羅，乃至婆羅門旃荼羅，令不趣向無間地獄。」

爾時，佛告地藏菩薩摩訶薩言：「善男子！於未來世此佛土中，有諸眾生煩惱熾盛，習諸惡行，愚癡佷戾難可化導，謂刹帝利旃荼羅、宰官旃荼羅、居士旃荼羅、長者旃荼羅、沙門旃荼羅、婆羅門旃荼羅。如是等人善根微少，無有信心，諂曲愚癡，懷聰明慢，離善知識，言無真實，不能隨順善知識語，常行誹謗毀呰罵詈，於諸正法猶豫倒見，不見不畏後世苦果，常樂習近諸惡律儀，好行殺生，乃至邪見欺誑世間，自他俱損。是刹帝利旃荼羅乃至婆羅門旃荼羅，壞亂我法，於我法中而得出家，毀破禁戒，樂營俗業。彼刹帝利乃至婆羅門等，恭敬供養貪利求財，有言無行，傳書送印，通信往來，商賈販易，好習外典，種殖營農，藏貯寶物，守護園宅、妻妾、男女，習行符印、呪術使鬼、占相吉凶，合和湯藥，療病求財以自活命，貪著飲食、衣服、寶飾，勤營俗務，毀犯尸羅，行諸惡法，貝音狗行，實非沙門自稱沙門，實非梵行自稱梵行。彼刹帝利旃荼羅乃至婆羅門旃荼羅，愛樂親近，恭敬供養，聽受言教此破戒者；於剎帝利旃荼羅乃至婆羅門旃荼羅，亦樂親近恭敬供養，聽受言教。若見有人於我法中得出家已，具戒富德，精進修行學無學行，乃至證得最後極果，彼剎帝利旃荼羅乃至婆羅門旃荼羅反生憎嫉，不樂親近恭敬供養，聽受言教。

「善男子！譬如有人入寶洲渚，棄捨種種帝青、大青、金銀、真珠、紅蓮華色茷琉璃等大價真寶，取迦遮珠。於未來世此佛土中，有剎帝利旃荼羅乃至婆羅門旃荼羅亦復如是，入我正法寶洲渚中，棄捨種種具戒富德、樂勝義諦、具足慚愧學無學人，及善異生精勤修學六到彼岸，具諸功德真聖弟子，取諸破戒、好行眾惡、無慚無愧、言辭麁獷、身心憍慠、離諸白法、無慈無悲惡行苾芻以為福田，恭敬供養，聽受言教，如是惡人師及弟子俱定趣向無間地獄。

「善男子！有十惡輪於未來世此佛土中，有剎帝利旃荼羅、宰官旃荼羅、居士旃荼羅、長者旃荼羅、沙門旃荼羅、婆羅門旃荼羅，如是等人於十惡輪，或隨成一、或具成就，先所修集一切善根，摧壞燒滅皆為灰燼，不久便當肢體廢缺，於多日夜結舌不言，受諸苦毒，痛切難忍，命終定生無間地獄。何等為十？如是破戒惡行苾芻，有剎帝利及宰官等，忍受惡見，謗阿練若清淨苾芻言：『諸仁者！如是苾芻愚癡凡猥，詐現異相誑惑世間，為求飲食、衣服、利養、恭敬、名譽，自讚毀他，嫉妬鬪亂，貪著名利無有厭足，應當擯黜，勿受其言。如是苾芻專行妄語，離諦實法，於此皆無得道果者，亦無離欲永盡諸漏，但為利養、恭敬、名譽住阿練若，自現有德，慎莫供養恭敬承事，如是諂曲非真福田，非行道者。』時剎帝利旃荼羅乃至婆羅門旃荼羅於阿練若清淨苾芻，不能生實信心希有之想，心無恭敬，意懷凌蔑，不樂親近承事供養，所有言說皆不聽受，輕毀如是住阿練若清淨苾芻，即是輕毀一切法眼三寶種姓。

「時彼國中有諸天、龍、藥叉神等，信敬三寶無動壞者，於剎帝利旃荼羅王乃至沙門、婆羅門等旃荼羅人，心生瞋忿，互相謂言：『仁等！當觀此剎帝利、宰官、居士、長者、沙門、婆羅門等旃荼羅人，皆悉輕毀一切法眼三寶種姓，損減善根，由惡友力攝諸罪業，當墮惡趣，我等從今勿復擁護此剎帝利旃荼羅等，并其所居國土城邑。』作是語已，一切天、龍、藥叉神等皆悉棄捨，不復擁護彼剎帝利旃荼羅等，并彼所居國土城邑，於彼國土一切法器真實福田皆出其國，設有住者，亦生捨心，不復護念。

「由諸天、龍、藥叉神等及諸法器真實福田，於剎帝利旃荼羅等，并彼所居國土城邑，皆捨守護，不護念已，時彼國土自軍、他軍競起侵凌，更相殘害，疾疫飢饉因此復興。彼剎帝利旃荼羅王，乃至沙門、婆羅門等旃荼羅人，一切國民皆無歡樂，先所愛樂今悉別離，朋友眷屬更相瞋恨，潛謀猜貳，無慈無悲，嫉妬慳貪，衆惡皆起，所謂殺生乃至邪見無慚無愧，食用一切窣堵波物及僧祇物曾無悔心。彼剎帝利旃荼羅王憎嫉忠賢，愛樂諂佞，令己官庶互相侵凌，憤恚結怨，興諸鬪諍，共餘鄰國交陣戰時，軍士離心，無不退敗。彼剎帝利旃荼羅王，宰官、居士、長者、沙門、婆羅門等旃荼羅人，不久便當支體廢缺，於多日夜結舌不言，受諸苦毒，痛切難忍，命終定生無間地獄。

「復次，善男子！有剎帝利旃荼羅王，宰官、居士、長者、沙門、婆羅門等旃荼羅人，隨惡友行，善根微少，諂曲愚癡懷聰明慢，於三寶所無淳淨心，不見不畏後世苦果。此有一類，於聲聞乘得微少信，實是愚癡自謂聰敏，於我所說緣覺乘法及大乘法，毀呰誹謗，不聽眾生受持讀誦下至一頌。復有一類，於緣覺乘得微少信，實是愚癡自謂聰敏，於我所說聲聞乘法及大乘法，毀呰誹謗，不聽眾生受持讀誦下至一頌。復有一類，於大乘法得微少信，實是愚癡自謂聰敏，於我所說聲聞乘法、緣覺乘法，毀呰誹謗，不聽眾生受持讀誦下至一頌。如是等人，名為毀謗佛正法者，亦為違逆三世諸佛，破三世佛一切法藏，焚燒斷滅皆為灰燼，斷壞一切八支聖道，挑壞無量眾生法眼。若剎帝利旃荼羅王乃至沙門婆羅門等旃荼羅人，於佛所說聲聞乘法、緣覺乘法及大乘法，障礙覆藏令其隱沒，乃至一頌，當知是人名不恭敬一切法眼三寶種姓。由是因緣，令護國土一切天、龍、藥叉神等信敬三寶無動壞者，於剎帝利旃荼羅王，乃至沙門、婆羅門等旃荼羅人，心生瞋忿，廣說乃至彼剎帝利旃荼羅王，宰官、居士、長者、沙門、婆羅門等旃荼羅人，不久便當支體廢缺，於多日夜結舌不言，受諸苦毒，痛切難忍，命終定生無間大獄。

「復次，善男子！有剎帝利旃荼羅王，宰官、居士、長者、沙門、婆羅門等旃荼羅人，隨逐破戒惡苾芻行，廣說乃至於彼國中有諸法器真實福田，於剎帝利旃荼羅等皆住捨心而不護念，雖居其國而依法住，常不憙樂俗間居止，亦不數數往施主家，設令暫往而護語言，縱有語言，曾無虛誑，終不對彼在家人前譏毀輕弄諸破戒者，於諸破戒惡行苾芻終不輕然輒相檢問，亦不現相故顯其非，常近福田，遠諸破戒。而彼破戒惡行苾芻於此持戒真善行者反生瞋恨、輕毀、侵凌，於剎帝利旃荼羅王乃至沙門、婆羅門等旃荼羅人，在家男女大小等前，種種諂曲、虛妄談論，毀呰誹謗此持戒者，令剎帝利旃荼羅王乃至沙門、婆羅門等旃荼羅人，於我弟子少欲知足、持戒多聞、具妙辯才諸苾芻所，心生瞋恨，種種麁言呵罵逼切，令心憂惱，身不安泰。或奪衣鉢諸資身具，令其匱乏，或奪所施四方僧物不聽受用，或閉牢獄，枷鎖拷楚，或解支節，或斬身首。

「善男子！當觀如是諸剎帝利旃荼羅王乃至沙門、婆羅門等旃荼羅人，親近破戒惡行苾芻，造作如是種種大罪，乃至當墮無間地獄。若諸眾生作五無間，或犯重戒，或近無間性罪遮罪猶輕，如是諸剎帝利旃荼羅王乃至沙門、婆羅門等旃荼羅人，親近破戒，越法重罪。

「善男子！如是破戒惡行苾芻，雖作如是越法重罪，而依我法剃除鬚髮，被服袈裟，進止威儀同諸賢聖，我尚不許國王、大臣諸在家者依俗正法以鞭杖等捶拷其身，或閉牢獄，或復呵罵，或解支節，或斷其命，況依非法！國王、大臣諸在家者，若作此事便獲大罪，決定當生無間地獄。於諸破戒惡行苾芻猶尚不應如是謫罰，何況持戒真善行者！

「善男子！若有苾芻於諸根本性重罪中隨犯一罪，雖名破戒惡行苾芻，而於親教和合僧中所得⊙律儀猶不斷絕，乃至棄捨所學尸羅，猶有白法香氣隨逐，國王、大臣諸在家者無有律儀，不應輕慢及加謫罰。如是苾芻雖非法器，退失聖法，穢雜清眾，破壞一切沙門法事，不得受用四方僧物，而於親教和合僧中所得律儀不棄捨故，猶勝一切在家白衣。犯性罪者尚應如是，況犯其餘諸小遮罪！是故不許國王、大臣諸在家者輕慢謫罰。所以者何？善男子！乃往過去有迦奢國，王名梵授，勅旃荼羅：『有大象王名青蓮目，六牙具足，住雪山邊，汝可往彼拔取牙來，若不得者，汝等五人定無活義。』時旃荼羅為護身命，執持弓箭被赤袈裟，詐現沙門威儀形相，往雪山邊至象王所，時彼母象遙見人來，執持弓箭，驚怖馳走，詣象王所，白言：『大天！今見有人張弓捻箭，徐行視覘來趣我等，將非我等命欲盡耶？』象王聞已，舉目便見剃除鬚髮著袈裟人，即為母象而說頌曰：

被殑伽沙等，　諸佛法幢相，　觀此離諸惡，　必不害衆生。

「時彼母象以頌答曰：

雖知被法服，　而執持弓箭，　是惡旃荼羅，　樂惡無悲愍。

「時大象王復說頌曰：

見袈裟一相，　知是慈悲本，　此必歸佛者，　愍念諸衆生。
汝勿懷疑慮，　宜應速攝心，　被此法衣人，　欲渡生死海。

「時旃荼羅即以毒箭彎弓審射中象王心，母象見之，舉聲號*咷，悲哀哽噎，以頌白言：

被此法衣人，　宜應定歸佛，　威儀雖寂靜，　而懷毒惡心。
應速踏彼身，　令其命根斷，　滅此怨令盡，　以射天身故。

「時大象王以頌答曰：

寧速捨身命，　不應生惡心，　彼雖懷詐心，　猶似佛弟子。
智者非為命，　而壞清淨心，　為度諸有情，　常習菩提行。

「時大象王心生悲愍，徐問人曰：『汝何所須？』彼人答曰：『欲須汝牙。』象王歡喜，即自拔牙施旃荼羅，而說頌曰：

我以白牙今施汝，無忿無恨無貪惜，願此施福當成佛，滅諸眾生煩惱病。

「善男子！當觀如是過去象王，雖受無*暇傍生趣身，為求阿耨多羅三藐三菩提故，而能棄捨身命無悋，恭敬尊重著袈裟人，雖彼為怨而不加報。然未來世有剎帝利旃荼羅王，宰官、居士、長者、沙門、婆羅門等旃荼羅人，實是愚癡懷聰明慢，諂曲虛詐欺誑世間，不見不畏後世苦果，於歸我法而出家者，若是法器、若非法器諸弟子所，惱亂呵罵，或以鞭杖楚撻其身，或閉牢獄乃至斷命，此於一切過去、未來、現在諸佛犯諸大罪，決定當趣無間地獄，斷滅善根，焚燒相續，一切智者之所遠離。彼既造作如是重罪，復懷傲慢誑惑世間，自稱：『我等亦求無上正等菩提，我是大乘，當得作佛。』

「譬如有人自挑其目，盲無所見，而欲導他登上大山，終無是處。於未來世，有剎帝利旃荼羅王，宰官、居士、長者、沙門、婆羅門等旃荼羅人，亦復如是，於歸我法而出家者，若是法器、若非法器諸弟子所，惱亂呵罵，或以鞭杖楚撻其身，或閉牢獄乃至斷命，此於一切過去、未來、現在諸佛犯諸大罪，斷滅善根，焚燒相續，一切智者之所遠離，決定當趣無間地獄。彼既造作如是重罪，復懷傲慢誑惑世間，自稱：『我等亦求無上正等菩提，我是大乘，當得作佛。』彼由惱亂出家人故，下賤人身尚難可得，況當能證二乘菩提！無上大乘於其絕分。

「又，善男子！過去有國名般遮羅，王號勝軍，統領彼國，時彼有一大丘壙所，名羯藍婆，甚可怖畏，藥叉、羅剎多住其中，若有入者，心驚毛竪。時國有人罪應合死，王勅典獄縛其五處，送揭藍婆大丘壙所，令諸惡鬼食噉其身。罪人聞已，為護命故，即剃鬚髮，求覓袈裟，遇得一片自繫其頸。時典獄者如王所勅，縛其五處送丘壙中，諸人還已，至於夜分，有大羅剎母名刀劍眼，與五千眷屬來入塚間，罪人遙見，身心驚悚。時羅剎母見有此人被縛五處，剃除鬚髮，片赤袈裟繫其頸下，即便右遶，尊重頂禮合掌恭敬而說頌言：

人可自安慰，　我終不害汝，　見剃髮染衣，　令我憶念佛。

「時羅剎子白其母曰：

母我為飢渴，　甚逼切身心，　願聽食此人，　息苦身心樂。

「時羅剎母便告子言：

被殑伽沙佛，　解脫幢相衣，　於此起惡心，　定墮無間獄。

「時羅剎子與諸眷屬右遶此人，尊重頂禮，合掌恭敬而說頌曰：

懺悔染衣人，　我寧於父母，　造身語意惡，　於汝終無害。

「爾時，復有大羅剎母名驢騾齒，亦有五千眷屬圍遶，來入塚間。時羅剎母亦見此人被縛五處，剃除鬚髮，片赤袈裟繫其頸下，即便右遶，尊重頂禮，合掌恭敬而說頌言：

人於我勿怖，　汝頸所繫服，　是仙幢相衣，　我頂禮供養。

「時羅刹子白其母曰：

人血肉甘美，　願母聽我食，　增長身心力，　勇猛無所畏。

「時羅刹母便告子言：

人天等妙樂，　由恭敬出家，　故供養染衣，　當獲無量樂。

「時羅刹子與諸眷屬右遶此人，尊重頂禮，合掌恭敬而說頌曰：

我今恭敬禮，　剃髮染衣人，　願常於未來，　見佛深生信。

爾時，復有大羅刹母名髺髩髮，亦有五千眷屬圍遶，來入塚間。時羅刹母亦見此人被縛五處，剃除鬚髮，片赤袈裟繫其頸下，即便右遶，尊重頂禮，合掌恭敬而說頌言：

大仙幢相衣，　智者應讚奉，　若能修供養，　必斷諸有縛。

「時羅剎子白其母曰：

此人身血肉，　國王之所賴，　願聽我飲噉，　得力承事母。

「時羅剎母便告子言：

如是染衣人，　非汝所應食，　於此起惡者，　當成大苦器。

「時羅剎子與諸眷屬右遶此人，尊重頂禮，合掌恭敬而說頌曰：

汝是大仙種，　堪為良福田，　故我修供養，　願絕諸有縛。

「爾時，復有大羅剎母名刀劍口，亦有五千眷屬圍遶，來入塚間。時羅剎母亦見此人被縛五處，剃除鬚髮，片赤袈裟繫其頸下，即便右遶，尊重頂禮，合掌恭敬而說頌言：

汝今被法衣，　必趣涅槃樂，　故我不害汝，　恐諸佛所呵。

「時羅剎子白其母曰：

我常吸精氣，　飲噉人血肉，　願聽食此人，　令色力充盛。

「時羅剎母便告子言：

若害著袈裟，　剃除鬚髮者，　必墮無間獄，　久受大苦器。

「時羅剎子與諸眷屬右遶此人，尊重頂禮，合掌恭敬而說頌曰：

我等怖地獄，　故不害汝命，　當解放汝身，　願脫地獄苦。

「時諸羅剎母子眷屬同起慈心，解此人縛，懺謝慰喻，歡喜放還。此人清旦疾至王所，以如上事具白於王。時勝軍王及諸眷屬聞之驚躍，歎未曾有，即立條制頒告國人：『自今已後於我國中，有佛弟子若持戒、若破戒、下至無戒，但剃鬚髮，被服袈裟，諸有侵凌或加害者，當以死罪，而刑罰之。』由此因緣，衆人慕德，漸漸歸化王贍部洲，皆共誠心歸敬三寶。

「善男子！當觀如是過去羅剎，雖受無暇餓鬼趣身，吸人精氣，飲噉血肉，惡心熾盛，無有慈悲，而見無戒剃除鬚髮，以片袈裟掛其頸者，即便右遶，尊重頂禮，恭敬讚頌，無損害心。然未來世有剎帝利旃荼羅王，宰官、居士、長者、沙門、婆羅門等旃荼羅人，心懷毒惡無有慈愍，造罪過於藥叉羅剎，愚癡傲慢斷滅善根，於歸我法而出家者，若是法器、若非法器，剃除鬚髮、被服袈裟諸弟子所，不生恭敬，惱亂呵罵，或以鞭杖楚撻其身，或閉牢獄乃至斷命，此於一切過去、未來、現在諸佛犯諸大罪，斷滅善根焚燒相續，一切智者之所遠離，決定當生無間地獄。

「又，善男子！昔有國王名超福德，有人犯過罪應合死，王性仁慈，不欲斷命。有一大臣多諸智策，前白王曰：『願勿為憂，終不令王得殺生罪，不付魁膾令殺此人。』時彼大臣以己智力，將犯罪人付惡醉象，時惡醉象以鼻卷取罪人兩脛舉上空中，盡其勢力欲撲於地，忽見此人裳有赤色，謂是袈裟，心生淨信，便徐置地，懺謝悲號，跪伏於前，以鼻拉足，深心敬重，瞻仰彼人。大臣見已，馳還白王，王聞喜愕，歎未曾有，便勅國人加敬三寶，因斯斷殺王贍部洲。善男子！當觀如是過去醉象，雖受無*暇傍生趣身，而敬袈裟，不造惡業。然未來世有剎帝利旃荼羅王，宰官、居士、長者、沙門、婆羅門等旃荼羅人，心懷毒惡無有慈愍，造諸罪業過惡醉象，愚癡傲慢斷滅善根，於歸我法而出家者，若是法器、若非法器，剃除鬚髮、被服袈裟諸弟子所，不生恭敬，惱亂呵罵，或以鞭杖楚撻其身，或閉牢獄，乃至斷命，此於一切過去、未來、現在諸佛犯諸大罪，斷滅善根，焚燒相續，一切智者之所遠離，決定當生無間地獄。

「若剎帝利旃荼羅王，乃至沙門、婆羅門等旃荼羅人成就如是第三惡輪，由此因緣，令護國土一切天、龍、藥叉神等信敬三寶無動壞者，於剎帝利旃荼羅王，乃至沙門、婆羅門等旃荼羅人，心生瞋忿，廣說乃至彼剎帝利旃荼羅王，宰官、居士、長者、沙門、婆羅門等旃荼羅人，不久便當支體廢缺，於多日夜結舌不言，受諸苦毒，痛切難忍，命終定生無間地獄。

「復次，善男子！於未來世此佛土中，有剎帝利旃荼羅王，宰官、居士、長者、沙門、婆羅門等旃荼羅人，隨惡友行，善根微少，廣說乃至不見不畏後世苦果，見有所施四方僧物，謂諸寺舍、或寺舍物、或諸園林、或園林物、或諸莊田、或莊田物、或所攝受淨人男女、或所攝受畜生種類、或所攝受衣服飲食、或所攝受床座敷具、或所攝受病緣醫藥、或所攝受種種資身應受用物，如是所施四方僧物，具戒富德、精進修行學無學行，乃至證得最後極果清淨苾芻所應受用。彼剎帝利旃荼羅王，乃至沙門、婆羅門等旃荼羅人，以強勢力侵奪具戒清淨苾芻，不聽受用，迴與破戒惡行苾芻，經營在家諸俗業者，令共受用或獨受用。破戒苾芻既受得已，或共受用，或獨受用，或與俗人同共受用。由是因緣，令護國土一切天、龍、藥叉神等信敬三寶無動壞者，於剎帝利旃荼羅王，乃至沙門、婆羅門等旃荼羅人，心生瞋忿，廣說乃至彼剎帝利旃荼羅王，宰官、居士、長者、沙門、婆羅門等旃荼羅人，不久便當支體廢缺，於多日夜結舌不言，受諸苦毒，痛切難忍，命終定生無間地獄。

「復次，善男子！於未來世此佛土中，有剎帝利旃荼羅王，宰官、居士、長者、沙門、婆羅門等旃荼羅人，隨惡友行，善根微少，廣說乃至不見不畏後世苦果，見依我法而出家者，聰叡多聞，語甚圓滿，或能傳通聲聞乘法，或能傳通獨覺乘法，或能傳通無上乘法，令廣流布利樂有情。彼於如是說法師所，呵罵毀辱、誹謗輕弄、欺誑逼迫，惱亂法師，障礙正法。由是因緣，令護國土一切天、龍、藥叉神等信敬三寶無動壞者，於剎帝利旃荼羅王，乃至沙門、婆羅門等旃荼羅人，心生瞋忿，廣說乃至彼剎帝利旃荼羅王，宰官、居士、長者、沙門、婆羅門等旃荼羅人，心生瞋忿，廣說乃至彼剎帝利旃荼羅王，宰官、居士、長者、沙門、婆羅門等旃荼羅人，不久便當支體廢缺，於多日夜結舌不言，受諸苦毒，痛切難忍，命終定生無間地獄。

「復次，善男子！於未來世此佛土中，有剎帝利旃荼羅王，宰官、居士、長者、沙門、婆羅門等旃荼羅人，隨惡友行，善根極少，廣說乃至不見不畏後世苦果，見有所施四方僧物，寺舍、莊田、人畜、財寶、花樹、果樹、染樹、蔭樹、香藥樹等，及餘資身種種雜物，我諸弟子具戒富德、精進修行學無學行，乃至證得最後極果清淨苾芻所應受用，彼剎帝利旃荼羅王，乃至沙門、婆羅門等旃荼羅人，以強勢力或自逼奪，或教人奪，或為自用，或為他用。由是因緣，令護國土一切天、龍、藥叉神等信敬三寶無動壞者，於剎帝利旃荼羅王，乃至沙門、婆羅門等旃荼羅人，心生瞋忿，廣說乃至彼剎帝利旃荼羅王，宰官、居士、長者、沙門、婆羅門等旃荼羅人，不久便當支體廢缺，於多日夜結舌不言，受諸苦毒，痛切難忍，命終定生無間地獄。

「復次，善男子！於未來世此佛土中，有剎帝利旃荼羅王，宰官、居士、長者、沙門、婆羅門等旃荼羅人，善根微少，無有信心，諂曲愚癡，懷聰明慢，言無真實，遠離善友，隨惡友行，於諸聖法心懷猶豫，不見不畏後世苦果，常樂習近諸惡律儀，好行殺生，乃至邪見而懷傲慢，誑惑世間，自稱：我是住律儀者。彼剎帝利旃荼羅王，乃至沙門、婆羅門等旃荼羅人，種種方便毀滅我法，於歸我法而出家者，數數瞋忿、呵罵毀辱，拷楚禁閉，割截支節，乃至斷命，我所說法不肯信受，壞窣堵波及諸寺舍，驅逼苾芻，退令還俗，障礙剃髮、被服袈裟，種種驅使同諸僕庶。由是因緣，令護國土一切天、龍、藥叉神等信敬三寶無動壞者，於剎帝利旃荼羅王，乃至沙門、婆羅門等旃荼羅人，心生瞋忿，廣說乃至彼剎帝利旃荼羅王，宰官、居士、長者、沙門、婆羅門等旃荼羅人，不久便當支體廢缺，於多日夜結舌不言，受諸苦毒，痛切難忍，命終定生無間地獄。

「善男子！若剎帝利旃荼羅王，宰官、居士、長者、沙門、婆羅門等旃荼羅人，於上所說十種惡輪，或隨成一或具成就，先所修集一切善根摧壞燒滅皆為灰燼，不久便當支體廢缺，於多日夜結舌不言，受諸苦毒痛切難忍，命終定生無間地獄。此剎帝利旃荼羅王，宰官、居士、長者、沙門、婆羅門等旃荼羅人，於當來世下賤人身尚難可得，況當能證二乘菩提！無上大乘於其絕分。如是惡人，大乘名字尚難得聞，況當能證無上佛果！是人究竟自損損他，一切諸佛所不能救。

「善男子！譬如有人壓油為業，一一麻粒皆有蟲生，以輪壓之油便流出，汝當觀此壓麻油人於日夜中殺幾生命。假使如是壓麻油人，以十具輪相續恒壓於一日夜，一一輪中所壓麻油數滿千斛，如是相續至滿千年，汝觀此人殺幾生命，所獲罪業寧為多不？」

地藏菩薩摩訶薩言：「甚多！世尊！甚多！大德！此人所殺無量無邊，所獲罪業不可稱計，算數譬喻所不能及，唯佛能知，餘無知者。」

佛言：「善男子！假使有人為財利故，置十婬坊，一一坊中置千婬女，一一婬女種種莊嚴，誑惑多人，恒為欲事，如是相續至滿千年，此人獲罪不可稱計，算數譬喻所不能及，如前十輪壓油人罪等一婬坊所獲罪業。又，善男子！假使有人為財利故，置十酒坊，一一坊中種種嚴飾，方便招誘千耽酒人，飲興歡娛，晝夜無廢，如是相續至滿千年，此人獲罪不可稱計，算數譬喻所不能及，如前所說，十婬坊罪等一酒坊所獲罪業。又，善男子！假使有人為財利故，置十屠坊，一一坊中於一日夜殺害千生，牛羊駝鹿雞豬等命，如是相續至滿千年，此人獲罪不可稱計，算數譬喻所不能及，如前所說，十酒坊罪等一屠坊所獲罪業。如前所說，十屠坊罪，等剎帝利旃荼羅王，乃至沙門、婆羅門等旃荼羅人，於前十惡隨成一輪，一日一夜所獲罪業。」

爾時，世尊而說頌曰：

十壓油輪罪，　等彼一婬坊，　置彼十婬坊，　等一酒坊罪。
置十酒坊罪，　等彼一屠坊，　置彼十屠坊，　罪等王等一。

大乘大集地藏十輪經卷第四

大乘大集地藏十輪經卷第五

三藏法師玄奘奉　詔譯

無依行品第三之三

爾時，地藏菩薩摩訶薩復白佛言：「大德世尊！若有真善剎帝利、真善宰官、真善居士、真善長者、真善沙門、真善婆羅門，如是等人能自善護，亦善護他，善護後世，善護佛法出家之人，若是法器、若非法器，下至無戒，剃除鬚髮被袈裟者，普善守護，恭敬供養。又能善護聲聞乘法、緣覺乘法及大乘法，恭敬聽聞，信受供養，於住大乘具戒富德精勤修行乃至住果補特伽羅，能善守護，助其勢力，諮問聽受，歡喜談論。遠離破戒惡行苾芻，於諸所施四方僧物，終不令人非法費用，勤加守護，供四方僧。於窣堵波及僧祇物，終不自奪，不教他奪，亦不自用，不教他用。於能辯說三乘法人，恭敬供養，加護與力，不令他人誹謗毀辱。尊重安慰諸出家人，信受護持佛所說法，終不破壞諸窣堵波，亦常護持僧伽藍舍，於剃鬚髮被服袈裟出家人所終不毀廢。於十惡輪自不染習，亦常勸他離十惡輪，具學先王治國正法，紹三寶種，常令熾盛，恒樂親近諸善知識，慈心撫育一切國人，隨其所宜，方便化導，令捨邪法，修行正法。如是真善剎帝利王乃至真善婆羅門等，得幾所福，滅幾所罪？」

佛言：「善男子！假使有人出現世間，具大威力，於日初分積集七寶滿贍部洲，奉施諸佛及弟子眾；於日中分亦集七寶滿贍部洲，奉施諸佛及弟子眾；於日後分亦集七寶滿贍部洲，奉施諸佛及弟子眾；如是日日相續，布施滿百千年，此人福聚寧為多不？」

地藏菩薩摩訶薩言：「甚多！世尊！甚多！大德！此人福聚無量無邊不可稱計，算數譬喻所不能及，惟佛能知，餘無知者。」

佛言：「善男子！如是！如是！如汝所說。若有真善剎帝利王乃至真善婆羅門等，於十惡輪自不染習，亦常勸他離十惡輪，所獲福聚過前福聚，無量無邊不可稱計。又，善男子！假使有人出現世間，具大威力，為四方僧營建寺宇，其量寬廣等四大洲，上妙房舍、床敷、衣服、飲食、醫藥、資緣充備，令諸如來聲聞菩薩大弟子眾止住其中，精進修行種種善品，若晝若夜無有懈息，經百千俱胝那庾多歲，供給供養相續不絕，此人福聚寧為多不？」

地藏菩薩摩訶薩言：「甚多！世尊！甚多！大德！此人福聚無量無邊不可稱計，算數譬喻所不能及，惟佛能知，餘無知者。」

佛言：「善男子！如是！如是！如汝所說。又，善男子！假使有人出現世間，具大威力，為四方僧營建寺宇，寬廣量等十四大洲，上妙房舍床敷、衣服、飲食、醫藥資緣充備，令諸如來聲聞、菩薩大弟子眾止住其中，精進修行種種善品，若晝若夜無有懈息，經百千俱胝那庾多歲，供給供養相續不絕，此人福聚寧為多不？」

地藏菩薩摩訶薩言：「甚多！世尊！甚多！大德！此人福聚無量無邊不可稱計，算數譬喻所不能及，唯佛能知，餘無知者。」

佛言：「善男子！如是！如是！如汝所說。又，善男子！假使有人出現世間，具大威力，為佛舍利起窣堵波，嚴麗高廣量等三千大千世界，如前所說為四方僧造寺福聚，類此所說為佛舍利起窣堵波所獲福聚，於百分中不及其一，於千分中亦不及一，於百千分亦不及一，於俱胝分亦不及一，那庾多分、數分、算分、計分、喻分乃至鄔波尼殺曇分亦不及一。

「又，善男子！假使有得波羅蜜多，具八解脫、靜慮、等至大阿羅漢，遍滿三千大千世界，如稻麻、竹葦、甘蔗、叢林，一切皆被堅縛五處，經百千年，時有一人出現於世，具大威力樂福德故，悉解被縛諸阿羅漢，香湯澡浴，奉施衣鉢，經百千年，給上房舍、床敷、衣服、飲食、醫藥種種所須如法資具，諸阿羅漢般涅槃已，供養焚燒收取舍利，以妙七寶起窣堵波安置其中，復以種種寶幢幡蓋、香花伎樂而供養之。如前所說為佛舍利起窣堵波所獲福聚，類此所說解阿羅漢供養福聚，於百分中不及其一，於千分中亦不及一，於百千分亦不及一，於俱胝分亦不及一，那庾多分、數分、算分、計分、喻分乃至鄔波尼殺曇分亦不及一。

「善男子！若有真善剎帝利王乃至真善婆羅門等，於十惡輪自不染習，亦常勸他離十惡輪，所獲福德過前福聚，無量無邊不可稱計，如生福數，滅罪亦爾。

「善男子！若有真善剎帝利王及諸真善宰官、居士、長者、沙門、婆羅門等，於未來世後五百歲法欲滅時，能善護持我之法眼，能自善護亦善護他，善護後世，善護我法出家弟子，若是法器、若非法器，下至無戒，剃除鬚髮被袈裟者，普善守護，恭敬供養，令無損惱。又能善護三乘正法，聽受供養聲聞法時，於獨覺乘及大乘法不生誹謗，於獨覺乘及大乘人亦不憎嫉；聽受供養獨覺法時，於聲聞乘及大乘法不生誹謗，於聲聞乘及大乘人亦不憎嫉；聽受供養大乘法時，於聲聞乘、獨覺乘法不生誹謗，於聲聞乘、獨覺乘人亦不憎嫉，於聲聞乘、獨覺乘法不求趣證，唯求趣證大乘正法。於住大乘，具戒富德，精勤修行，乃至住果補特伽羅，多數親近承事供養，深心敬重，請問聽受，遠離破戒惡行苾芻。於諸所施四方僧物，終不令人非法費用，勤加守護，供四方僧。於窣堵波及僧祇物，終不自奪，不教他奪，亦不自用、不教他用。於能辯說三乘法人，恭敬供養，加護與力，不令他人誹謗毀辱。尊重安慰諸出家人，信受護持如來聖教，終不破壞諸窣堵波，亦常護持四方僧寺，於我出家諸弟子所，終不毀廢還俗策使。於十惡輪自不染習，亦常勸他離十惡輪，具學先王治國正法，十善業道攝化世間，常當親近諸善知識，紹三寶種，常令熾盛，善護法眼令不滅沒。如是真善剎帝利王乃至真善婆羅門等，由具如是諸功德故，名不虛受國人俸祿，一切天、龍、藥叉、鬼神，乃至羯吒布怛那等皆生歡喜，慈悲擁護，一切法器真實福田亦生歡喜，慈悲護念。由是因緣，所居國土及諸有情，展轉熾盛，安隱豐樂，隣國兵戈不能侵害，皆敬慕德自來歸附，由此展轉勸修善業，枯竭惡趣，增長天人，守護身命，令得長遠，自滅煩惱亦令他滅，住持菩提道六波羅蜜多，破壞一切衆邪惡道，於生死海不久沈淪，常離惡友，常近善友，生生常遇諸佛菩薩，恭敬承事曾無暫廢，不久皆當隨心所樂，各各安住於佛國土，證得無上正等菩提。」

爾時，衆中一切天帝及諸眷屬，乃至一切畢舍遮帝及諸眷屬，從座而起，頂禮佛足，合掌恭敬而白佛言：「大德世尊！於未來世後五百歲，於此佛土法欲滅時，若有真善剎帝利王乃至真善婆羅門等，於十惡輪自能遠離，亦能勸他令其遠離，善護自他，善護後世，護持正法，紹三寶種，皆令熾盛無有斷絕。以要言之，如佛所說如是等人，於三乘法恭敬聽受，終不隱藏；於三乘人護持供養，不令擾惱；於三寶物勤加守護，不令侵損。我等眷屬於此真善剎帝利王乃至真善婆羅門等，勤加擁護，令其十法皆得增長。何等為十？一者、增長壽命，二者、增長無難，三者、增長無病，四者、增長眷屬，五者、增長財寶，六者、增長資具，七者、增長自在，八者、增長名稱，九者、增長善友，十者、增長智慧。大德世尊！若彼真善剎帝利王乃至真善婆羅門等，於十惡輪自能遠離，亦能勸他令其遠離，具前所說諸功德者，我等擁護，定當得此十法增長。

「復次，世尊！若有真善剎帝利王乃至真善婆羅門等，成就如前所說功德，我等眷屬勤加擁護，令於十法皆得遠離。何等為十？一者、遠離一切怨家寇敵，二者、遠離一切非愛色、聲、香、味、觸境，三者、遠離一切障癘疾病，四者、遠離一切邪執惡見，五者、遠離一切邪妄歸依，六者、遠離一切邪惡災怪，七者、遠離一切邪惡事業，八者、遠離一切邪惡知識，九者、遠離一切居家淤泥，十者、遠離一切非時夭喪。大德世尊！若彼真善剎帝利王乃至真善婆羅門等，成前所說諸功德者，我等擁護，定當得此十法遠離。

「復次，世尊！若有真善剎帝利王具修如前所說功德令圓滿者，我等眷屬勤加擁護，令此帝王并諸眷屬及其國土一切人民，令於十法皆得遠離。何等為十？一者、遠離一切他國怨敵，二者、遠離一切自國怨敵，三者、遠離一切凶惡鬼神，四者、遠離一切*愆陽亢旱，五者、遠離一切伏陰滯雨，六者、遠離一切非時寒熱、烈風暴雨、霜雹災害，七者、遠離一切惡星變怪，八者、遠離一切飢饉荒儉，九者、遠離一切非時病死，十者、遠離一切邪執惡見。大德世尊！若彼真善剎帝利王具修如前所說功德令圓滿者，我等眷屬勤加擁護，令此帝王并諸眷屬及其國土一切人民，定當得此十法遠離。」

爾時，世尊讚諸天帝及其眷屬，乃至一切畢舍遮帝及眷屬言：「善哉！善哉！汝等乃能發此誓願，此事皆是汝等應作，由是因緣，當令汝等長夜安樂。」

爾時，天藏大梵復白佛言：「世尊！唯願聽我為未來世此佛土中一切真善剎帝利王，說能護國不退輪心大陀羅尼明呪章句。由此護國不退輪心大陀羅尼明呪章句威神力故，令未來世此佛土中一切真善剎帝利王，不為一切怨敵惡友之所摧伏，能令一切怨敵惡友自然退散，能善護持身語意業，為諸智者常所稱讚，離諸惡法，常行善法，常離一切邪見、邪歸，常於大乘精進修行，勇猛堅固，常能成就無量無數所化有情，智不依他，自然善巧，具能修行六到彼岸珍寶伏藏，遠離一切忿慳嫉等煩惱纏垢，常為一切人非人等恭敬護念，諸有所為心無忘失，不捨有情樂四攝事，常不遠離法器福田。」

佛言：「天藏！吾今恣汝為未來世此佛土中一切真善剎帝利王，說能護國不退輪心大陀羅尼明呪章句，由此護國不退輪心大陀羅尼明呪章句威神力故，令未來世此佛土中一切真善剎帝利王，不為一切怨敵惡友之所摧伏，廣說乃至常不遠離一切諸佛及佛弟子。」

爾時，天藏大梵即說護國不退輪心大陀羅尼明呪章句：

怛絰他(唐言謂) 牟尼冐嚇一 牟那揭臘茷二 牟尼紇梨達曳三 牟尼嚧訶毘折(常列反)隸四 牟那曷栗制五 牟尼笈謎六 朿訖羅博差七(初戒反) 鉢邏奢博差八(初戒反) 蜜羅博差九(初戒反) 騷刺婆紇栗帝十 姤刺拏紇栗折(章列反)隸十一 鉢怛邏叉紇栗帝十二 具具拏蜜隸十三 唈(烏合反)茷叉薩隸十四 遏怒訶祇囇茷十五 牟尼鉢塔茷十六 莎訶(唐言善說)

天藏大梵說是呪已，復白佛言：「唯願世尊及諸大眾，於我所說大陀羅尼皆生隨喜。」

世尊告曰：「善哉！善哉！」

一切大眾亦作是言：「善哉！善哉！善哉！」

爾時，世尊復告尊者大目乾連，及告彌勒菩薩摩訶薩曰：「善男子！汝等皆應受持如是天藏大梵所說護國不退輪心大陀羅尼明呪章句，傳授未來此佛土中一切真善剎帝利王，令自受持及令流布。由是因緣，彼諸真善剎帝利王并諸眷屬及國人民，一切皆得利益安樂，常轉法輪，名稱高遠，威德熾盛，摧滅邪見，建立正見，守護法眼，紹三寶種，皆令熾盛無有斷絕，成熟無量無邊有情，於大乘中堅固淨信，久住圓滿，能具修六波羅蜜多，斷一切障，速到究竟。」

爾時，世尊重顯此義而說頌曰：

時天藏大梵，　請問兩足尊：　利根等有情，　樂修定誦福，
聰慧王成法，　為升進沈淪，　所修三事中，　唯除惑不退？
世尊告彼言：　若犯無依行，　雖覺慧猛利，　而趣無間獄，
非真聰慧*者，　樂行十惡輪，　斷滅諸善根，　速趣於地獄。
定能斷煩惱，　非聽誦福業，　故欲求涅槃，　常當修靜慮。
有慧勤精進，　護持我正法，　由敬信袈裟，　能渡煩惱海。
樂處空閑林，　遠造無同類，　敬持戒修定，　能渡諸有海。
普信敬三乘，　興隆我正法，　供養染衣者，　當成功德海。
能伏難調心，　不舉苾芻罪，　修知足聖種，　當成兩足尊。

遠離惡苾芻，親近聖行處，不食用僧物，速證大菩提。
三界中安樂，皆由三寶生，故求安樂人，常供養三寶。
施荼羅王等，朋黨惡苾芻，於三寶起過，速墮無間獄。
十壓油輪罪，等彼一婬坊，置彼十婬坊，等一酒坊罪。
置十酒坊罪，等彼一屠坊，置彼十屠坊，罪等王等一。
真善國王等，興隆我正法，普供養三乘，當成功德海。
七寶滿贍部，奉施佛及僧，彼所獲福聚，不如護佛法。
為佛僧造寺，量等十四洲，彼所獲福聚，不如護佛法。
造佛窣堵波，量等三千界，彼所獲福聚，不如護佛法。
解阿羅漢縛，種種修供養，不障我正法，其福勝於彼。
千俱胝劫中，智者勤修定，所生勝覺慧，不如護我法。
真善國王等，遠離十惡輪，護持我正法，及著袈裟者。
不毀謗我說，三乘法及人，普聽聞供養，護持說法者。

不損三寶物，　不障著袈裟，　當敬器非器，　福勝無倫匹。
如五日並現，　大海皆枯竭，　如是護我法，　能枯竭煩惱。
如風災起時，　諸山皆散滅，　如是護我法，　能除滅煩惱。
如水災起時，　大地皆漂壞，　如是護我法，　能壞非愛果。
如如意寶珠，　隨所願皆滿，　如是三乘法，　能滿衆生願。
如遇得賢瓶，　除貧獲富樂，　如是遇佛法，　滅惑證菩提。
如十五夜月，　明照滿虛空，　如是護法人，　智慧周法界。
如虛空平等，　無物亦無相，　如是護法人，　知諸法一味。
如日放光明，　恒除世間闇，　如是護法者，　常普照世間。

大乘大集地藏十輪經有依行品第四之一

爾時，金剛藏菩薩摩訶薩於大衆中從座而起，頂禮佛足，偏袒一肩，右膝著地，合掌恭敬，以頌問曰：

昔言破戒失淨德，非賢聖器非我子，諸沙門法棄如燼，不應居我清眾中，
三垢所污失滅道，彼不堪消勝供養，於施四方僧眾物，少分我亦不聽受，
四根本罪隨犯一，清眾所棄如海尸，云何今說惡苾芻，應忍應悲遮讁罰，
復勤應勤供養彼，悲愍勿生微惡心，恭敬聽受所說法，當獲福慧大悲者？
六通救世餘經說，汝等皆當信大乘，正直微妙菩提道，應捨二乘解脫路，
云何今復說三乘，普勸聽持修供養，根力覺道沙門果，此經中有餘處無，
八支聖道無等倫，三乘皆同行此道，欲求解脫勤精進，各隨所願證菩提？
有情中尊當照察，會今昔教使無違，令諸天人菩薩眾，解悟心歡證真實。
聞說大乘誰有益？聞說大乘誰有損？十種解脫聲聞乘，聞說誰損誰有益？
何人聞法轉昇進？何人聞法翻退沒？云何厭患諸有為，能速枯竭於老死？
晝夜勤修諸善者，依何妙理御何乘，能渡深廣四瀑流？救世皆當為宣說。

爾時，佛告金剛藏菩薩摩訶薩言：「善哉！善哉！善男子！汝今為欲利益安樂無量有情，為諸天、人、阿素洛等作大義利，請問如來如是深義，汝應諦聽！

善思念之！吾當為汝分別解說。」

金剛藏菩薩言：「唯然！世尊！願樂欲聞。」

佛言：「善男子！有十種補特伽羅，輪迴生死，難得人身。何等為十補特伽羅？一者、不種善根，二者、未修福業，三者、雜染相續，四者、隨惡友行，五者、不見不畏後世苦果，六者、猛利貪欲，七者、猛利瞋恚，八者、猛利愚癡，九者、其心迷亂，十者、守惡邪見。如是十種無依行因，令諸眾生犯根本罪，毀犯尸羅，墮諸惡趣。何等名為十無依行？謂我法中而出家者，有加行壞，意樂不壞；有意樂壞，加行不壞；有*加行、意樂俱壞；有戒壞，見不壞；有見壞，戒不壞；有戒、見俱壞；有於加行、意樂、戒見雖皆不壞，而但依止惡友力行，作無依行；有雖依止善友力行，而復愚鈍猶如瘂羊，於諸事業都不分別，聞善友說善、不善法，不能領受，不能記持，不能解了善、不善義，由是因緣作無依行。有於種種財寶眾具常無厭足，追求因緣，其心迷亂作無依行，有為眾病之所逼惱，便求種種祠祀呪術，由是因緣作無依行。如是十種無依行因，令諸眾生犯根本罪，於現法中非賢聖器，毀犯尸羅，墮諸惡趣。

「善男子！若有補特伽羅加行壞、意樂不壞，隨遇一種無依行因犯根本罪，便深怖懼，慚愧棄捨，而不數數作諸惡行，如來為益彼故，說有污道沙門。所以者何？彼作如是重惡業已，即便發露，不敢覆藏，慚愧懺悔，彼由如是慚愧懺悔，罪得除滅，永斷相續，不復更作。雖於一切沙門法事皆應擯出，一切沙門所有資具不聽受用，而由彼人於三乘中成法器故，如來慈悲或為彼說聲聞乘法，或為彼說緣覺乘法，或為彼說無上乘法。彼有是處，轉於第二、第三生中發正願力，遇善友力，一切所作諸惡業障皆悉消滅，或有證得聲聞乘果，或有證得緣覺乘果而般涅槃，或有悟入廣大甚深無上乘理。如是戒壞、見不壞者，應知亦爾。

「若有補特伽羅意樂壞、加行不壞，如來為益彼故，說求四梵住法，彼是聲聞乘器，或是緣覺乘器。若有補特伽羅加行、意樂俱壞，彼於諸乘皆非法器，如來為益彼故，讚說布施。若有補特伽羅見壞、戒不壞，如來為益彼故，說緣起法，令捨惡見，於現身中入聲聞法或緣覺法，或於餘身方能悟入。若有補特伽羅戒見俱壞，彼於聖法亦不成器，如來為益彼故，讚說布施。若有補特伽羅加行、意樂、戒見不壞，而但依止惡友力行，如來為益彼故，讚說十善業道。若有補特伽羅雖復依止善友力行，而復愚鈍猶如啞羊，不能領受善不善法，如來為益彼故，讚說習誦；若為種種貪病所逼，有為種種見趣迷惑，如來為益如是等故，求解脫者，為其開示能出生死趣聲聞乘四聖諦法；斷見論者，為其讚說諸緣起法；常見論者，為說三界諸有諸趣死此生彼，如陶家輪往來無絕無常等法。

「善男子！如來無有所說名字、言說、音聲空無果者，無不皆為成熟有情。是故一切毀謗如來所說正法，壞諸有情正法眼罪，過諸無間、似無間等無量重罪。若有於我為欲利樂一切有情所說正法，謂依聲聞乘所說正法，或依緣覺乘所說正法，或依大乘所說正法，誹謗遮止，障蔽隱沒，下至一頌，當知是名謗正法者，亦名毀滅八聖道者，亦名破壞一切有情正法眼者。如是之人，既自習行大無利行，亦令一切有情習行大無利行，此人依止無慚愧僧，如是毀謗如來正法。

「復次，善男子！有四種僧，何等為四？一者、勝義僧，二者、世俗僧，三者、啞羊僧，四者、無慚愧僧。云何名勝義僧？謂佛世尊，若諸菩薩摩訶薩衆，其德尊高，於一切法得自在者，若獨勝覺，若阿羅漢，若不還，若一來，若預流，如是七種補特伽羅，勝義僧攝。若諸有情帶在家相，不剃鬚髮、不服袈裟，雖不得受一切出家別解脫戒，一切羯磨布薩自恣悉皆遮遣，而有聖法得聖果故，勝義僧攝。是名勝義僧。云何名世俗僧？謂剃鬚髮、被服袈裟，成就出家別解脫戒，是名世俗僧。云何名啞羊僧？謂不了知根本等罪犯與不犯，不知輕重，毀犯種種小隨小罪，不知發露懺悔所犯，惷愚魯鈍，於微小罪不見不畏，不依聰明善士而住，不時時間往詣多聞聰明者所，親近承事，亦不數數恭敬請問：『云何為善？云何不善？云何有罪？云何無罪？修何為妙？作何為惡？』如是一切補特伽羅，啞羊僧攝，是名啞羊僧。云何名無慚愧僧？謂若有情為活命故，歸依我法而求出家，得出家已，於所受持別解脫戒一切毀犯，無慚無愧，不見不畏後世苦果，內懷腐敗如穢蝸螺，貝音狗行，常好虛言曾無一實，慳貪嫉妬愚癡憍慢，離三勝業，貪著利養恭敬名譽，耽湎六塵，好樂婬泆，愛欲色、聲、香、味、觸境，如是一切補特伽羅，無慚僧攝，毀謗正法，是名無慚愧僧。

「善男子！勝義僧者，於中或有亦是勝道沙門所攝。言勝道者，謂若能依八支聖道自度一切煩惱駛流，亦令他度。此復云何？謂佛世尊及獨勝覺、諸阿羅漢，如是三種補特伽羅已離一切有支眷屬，故名勝道。復有菩薩摩訶薩眾，不假他緣，於一切法智見無障，攝受利樂一切有情，亦名勝道沙門所攝。其勝義僧及世俗僧，於中或有亦是示道沙門所攝。若有成就別解脫戒真善異生，乃至具足世間正見，彼由記說變現力故，能廣為他宣說開示諸聖道法，當知如是補特伽羅，名最下劣示道沙門，證預流果補特伽羅是名第二，證一來果補特伽羅是名第三，證不還果補特伽羅是名第四，復有菩薩摩訶薩眾是名第五，謂住初地至第十地，乃至安住最後有身，此皆示道沙門所攝。若有成就別解脫戒軌則，所行清淨具足，此皆命道沙門所攝，以道活命故名命道。復有菩薩摩訶薩眾為欲攝受利益安樂一切有情，具足修行六到彼岸，亦名命道。如是勝道、示道、命道三種沙門，名為世間真實福田，所餘沙門名為污道，雖非真實，亦得墮在福田數中。

「若有依止無慚愧僧補特伽羅，於我正法毘奈耶中名為死屍，於清衆海應當擯棄，非法器故，我於彼人不稱大師，彼人於我亦非弟子。有無慚僧，不成法器，稱我為師，於我舍利及我形像深生敬信，於我法僧聖所*受戒亦深敬信，既不自執諸惡邪見，亦不令他執惡邪見，能廣為他宣說我法，稱揚讚歎，不生毀謗，常發正願，隨所犯罪數數厭捨，發露懺悔，衆多業障皆能除滅。當知如是補特伽羅，信敬三寶聖戒力故，勝九十五諸外道衆多百千倍，非速能入般涅槃城；轉輪聖王尚不能及，況餘雜類一切有情！以是義故，如來觀察一切有情諸業法受差別相已，作如是說：『於我法中剃除鬚髮被袈裟者，我終不聽剎帝利等毀辱謫罰。』若有毀辱謫罰一切出家之人，所獲罪報如前廣說。又依我法捨俗出家，剃除鬚髮，被赤袈裟，即為一切過去、未來、現在諸佛慈悲護念，威儀形相、所服袈裟，亦為過去、未來、現在諸佛世尊慈悲守護。是故，輕毀剃除鬚髮、被赤袈裟出家人者，即是輕毀一切過去、未來、現在諸佛世尊。由是因緣，諸有智慧、厭怖衆苦、欣求人天涅槃樂者，不應輕毀捨俗出家、剃除鬚髮、被袈裟者。

「有無慚僧毀破禁戒，不成三乘賢聖法器，既自堅執諸惡邪見，亦能令他執惡邪見，謂為真善剎帝利、真善婆羅門、真善宰官、真善居士、真善沙門、真善長者、真善茷舍、真善戌達羅若男若女，說諸世間無父、無母，乃至無有善業惡業所得果報，無有能得聖道果者，一切諸法不從因生。或有執言色界是常，非變壞法。或有執言無色界常，非變壞法。或有執言外道所計諸苦行法，得究竟淨。或有執言唯聲聞乘得究竟淨，非獨覺乘亦非大乘，於聲聞乘信敬稱讚，宣說開示，於獨覺乘及於大乘誹謗輕毀，障蔽隱沒不令流布。或有執言唯獨覺乘得究竟淨，非聲聞乘亦非大乘，於獨覺乘信敬稱讚，宣說開示，於聲聞乘及於大乘誹謗輕毀，障蔽隱沒不令流布。或有執言唯有大乘得究竟淨，非聲聞乘、非獨覺乘，於大乘法即自生信，教他生信，即自恭敬，教他恭敬，既自稱讚，教他稱讚，既自書寫，教他書寫，既自讀誦，教他讀誦，既自聽受，教他聽受，既自思惟，教他思惟，於他有情若是法器、若非法器皆為廣說開示，解釋微細甚深大乘法義，於聲聞乘及獨覺乘誹謗輕毀，障蔽隱沒不令流布，自不生信，障他生信，自不恭敬，障他恭敬，自不稱讚，障他稱讚，自不書寫，障他書寫，自不讀誦聽受思惟，障他讀誦聽受思惟，不樂廣說開示解釋*二乘法義。或有執言唯修布施得究竟淨，非戒非忍乃至非慧。或有執言唯修禁戒得究竟淨，非施非忍乃至非慧。或有執言唯修安忍得究竟淨，非施非戒乃至非慧。或有執言唯修精進得究竟淨，非施非戒乃至非慧。或有執言唯修靜慮得究竟淨，非施非戒乃至非慧。或有執言唯修般若得究竟淨，非施非戒乃至非定。或有執言唯修種種世間所習諸伎藝智，得究竟淨。或有執言唯修種種投巖赴火自餓等行，得究竟淨。

「善男子！如是破戒惡行苾芻非法器者，種種誑惑真善法器諸有情等，令執惡見。彼由顛倒諸惡見故，破壞真善剎帝利王，乃至真善戍達羅等，若男若女所有淨信、戒、聞、捨、慧，轉剎帝利成旃荼羅，乃至茷舍、戍達羅等成旃荼羅，此非法器破戒苾芻并剎帝利、旃荼羅等師及弟子俱斷善根，乃至當墮無間地獄。

「善男子！如人死尸膖脹爛臭，諸來見者皆為臭熏，隨所觸近爛臭死尸，或與交翫，隨被臭穢之所熏染。如是真善剎帝利王，乃至真善戍達羅等若男若女，隨所親近破戒惡行非法器僧，或與交遊、或共住止、或同事業，隨*彼惡見臭穢熏染如是。如是令彼真善剎帝利王，乃至真善戍達羅等若男若女，退失淨信、戒、聞、捨、慧成旃荼羅，師及弟子俱斷善根，乃至當墮無間地獄。」

大乘大集地藏十輪經卷第五

大乘大集地藏十輪經卷第六

三藏法師玄奘奉　詔譯

有依行品第四之二

「善男子！汝觀如是剎帝利等無量有情，親近如是破戒惡行非法器僧，退失一切所有善法，乃至當墮無間地獄。是故，欲得上妙生天涅槃樂者，皆應親近承事供養勝道沙門，諮稟聽聞三乘要法，或求示道、命道沙門。若無如是三道沙門，當於污道沙門中求，雖復戒壞而有正見，具足意樂及加行者，應往親近承事供養，諮稟聽聞三乘要法，不應親近承事供養加行、意樂及見壞者。彼雖戒壞而無邪見，意樂、加行、見具足故，應詣其所，諮稟聽聞聲聞乘法、獨覺乘法及大乘法，不應輕毀，於三乘中隨意所樂，發願精進隨學一乘，於所餘乘不應輕毀。若於三乘隨輕毀一，下至一頌，不應親近，或與交遊、或共住止、或同事業；若有親近，或與交遊、或共住止、或同事業，俱定當墮無間地獄。

「善男子！是故若欲於三乘中，隨依一乘求出生死欣樂安樂厭危苦者，應於如來所說正法，或依聲聞乘所說正法，或依獨覺乘所說正法，或依大乘所說正法，普深信敬，勿生謗毀，障蔽隱沒下至一頌；常應恭敬讀誦聽聞，應發堅牢正願求證。謗毀三乘隨一法者，不應共住下至一宿，不應親近諮稟聽法。若諸有情隨於三乘毀謗一乘，或復親近謗三乘人諮稟聽受，由此因緣，皆定當墮無間地獄受大苦惱，難有出期。何以故？善男子！我於過去修菩薩行，精勤求證無上智時，或為求請依聲聞乘所說正法下至一頌，乃至棄捨自身手足、血肉皮骨、頭目髓腦；或為求請依獨覺乘所說正法下至一頌，乃至棄捨自身手足、血肉皮骨、頭目髓腦；或為求請依於大乘所說正法下至一頌，乃至棄捨自身手足、血肉皮骨、頭目髓腦。如是勤苦，於三乘中下至求得一頌法已，深生歡喜，恭敬受持，如說修行，時無暫廢，經無量劫修行一切難行苦行，乃證究竟無上智果。復為利益安樂有情，宣說開示三乘正法。以是義故，不應謗毀障蔽隱沒下至一頌，常應恭敬讀誦聽聞，應發堅牢正願求證。

「善男子！如是三乘出要正法，一切過去、未來、現在殑伽沙諸佛同說，大威神力共所護持，為欲拔濟一切有情生死大苦，為欲紹隆三寶種姓令不斷絕。是故，於此三乘正法應普信敬，勿生謗毀障蔽隱沒，若有謗毀障蔽隱沒三乘正法下至一頌，決定當墮無間地獄。

「復次，善男子！於未來世此佛土中，有剎帝利旃荼羅、婆羅門旃荼羅、宰官旃荼羅、居士旃荼羅、沙門旃荼羅、長者旃荼羅、茷舍旃荼羅、戍達羅旃荼羅若男若女，諂曲愚癡，懷聰明慢，其性兇悖，憦厲麁獷，不見不畏後世苦果，好行殺生乃至邪見，嫉妬慳貪，憎背善友，親近惡友，非是三乘賢聖法器。或少聽習聲聞乘法，便於諸佛共所護持獨覺乘法、無上乘法，誹謗毀呰，障蔽隱沒不令流布。或少聽習獨覺乘法，便於諸佛共所護持聲聞乘法、無上乘法，誹謗毀呰，障蔽隱沒不令流布。或少聽習無上乘法，便於諸佛共所護持聲聞乘法、獨覺乘法，誹謗毀呰，障蔽隱沒不令流布。為求名利唱如是言：『我是大乘，是大乘黨，唯樂聽習受持大乘，不樂聲聞、獨覺乘法，不樂親近學二乘人。』如是詐稱大乘人等，由自愚癡憍慢勢力，如是謗毀障蔽隱沒三乘正法不令流布，憎嫉修學三乘法人，誹謗毀辱，令無威勢。

「善男子！一切過去、未來、現在諸佛世尊及諸菩薩摩訶薩，為欲利樂一切有情，以大悲力護持二事：一者、為欲紹隆三寶種姓常令不絕，捨俗出家，剃除鬚髮，被服袈裟；二者、三乘出要、四聖諦等相應正法。如是二事，唯佛世尊及大菩薩能善護持，非諸聲聞、獨勝覺等，亦非百千那庾多數大梵天王及天帝釋王、四大洲轉輪王等所能護持。於未來世此佛土中，有剎帝利旃荼羅王見依我法而得出家、剃除鬚髮、被袈裟者，方便伺求所犯過失，以種種緣呵罵毀辱，或加鞭杖，或閉牢獄，或奪資具，或脫袈裟，廢令還俗，使作種種居家事業，或橫驅役，或濫擯遣，或斷飲食，或害身命。彼剎帝利旃荼羅王，以己愚癡憍慢勢力，毀辱謫罰諸佛、菩薩以大悲力共所護持我諸弟子，誹謗毀滅諸佛、菩薩以大悲力共所護持我甚深法，於其三世諸佛、菩薩共所護持三乘正法，障蔽隱沒不令流布。有剎帝利旃荼羅王，乃至筏舍、戍達羅等旃荼羅人若男若女，愚癡憍慢，自號大乘，彼人尚非聲聞、獨覺二乘法器，況是無上大乘法器！為求利養恭敬名譽，誑惑世間愚癡雜類，自言：『我等是大乘人！』謗毀如來二乘正法，如是人等愚癡、諂曲、憍慢、嫉妬、慳貪因緣，毀我法眼令速隱滅，彼於三世一切諸佛犯大過罪，亦於三世一切菩薩犯大過罪，又於三世一切聲聞犯大過罪，不久便當支體廢缺，遭遇種種重惡疾病。

「彼剎帝利旃荼羅王，乃至筏舍、戍達羅等旃荼羅人若男若女，由造惡業起倒見故，損斷一切所有善根，雖復有時多修施福，於未來世當生鬼趣，傍生趣中受富樂果，而彼身中尚不能起色、無色界下劣善根，況當能種聲聞、獨覺及無上乘無功用起一切智智善根種子！又令其舌為病所害，於多日夜結舌不言，受諸苦毒，痛切難忍，命終定當生於無間大地獄中。是故如來慈悲憐愍一切真善剎帝利王，乃至真善戍達羅等若男若女，令得長夜利益安樂，慇懃懇切作如是言：汝等應當於歸我法剃除鬚髮被片袈裟出家人所，慎勿惱亂譏呵謫罰，於我所說三乘正教慎勿謗毀障蔽隱沒，若違我言而故作者，所獲罪報如前廣說。所以者何？此歸我法剃除鬚髮被赤袈裟出家形相，乃是過去、未來、現在諸佛菩薩大悲神力之所護持。此剃鬚髮被赤袈裟出家威儀，是諸賢聖解脫幢相，亦是一切聲聞乘人受用解脫法味幢相，亦是一切獨覺乘人受用解脫法味幢相，亦是一切大乘之人受用解脫法味幢相。如來所說三乘正法，亦是三世諸佛、菩薩大悲神力之所護持，是諸賢聖解脫依止，亦是一切聲聞乘人受用解脫法味依止，亦是一切獨覺乘人受用解脫法味依止，亦是一切大乘之人受用解脫法味依止。

「善男子！以是義故，求解脫者，應當親近恭敬供養諸歸我法剃除鬚髮、被赤袈裟出家之人，應先信敬聲聞乘法，若自聽受、教他聽受，若自讀誦、教他讀誦，若自書寫、教他書寫，若自施與、教他施與，若自宣說、教他宣說，思惟修行廣令流布。如是信敬獨覺乘法，若自聽受、教他聽受，若自讀誦、教他讀誦，若自書寫、教他書寫，若自施與、教他施與，若自宣說、教他宣說，思惟修行廣令流布。如是信敬於大乘法，若自聽受、教他聽受，若自讀誦、教他讀誦，若自書寫、教他書寫，若自施與、教他施與，若自宣說、教他宣說，思惟修行廣令流布。若非器者不應自聽，勿教他聽，乃至廣說又應遠離一切惡法，應捨惡友，應親善友，應勤修習六到彼岸，應數懺悔一切惡業，應隨所宜勤發正願，若能如是，斯有是處，現身得成聲聞乘器，或獨覺乘種子不退，或復大乘種子不退。是故，三乘皆應修學，不應憍傲，妄號大乘，謗毀聲聞、獨覺乘法，我先唯為大乘法器堅修行者說如是言：『唯修大乘能得究竟』，是故今昔說不相違。」

爾時，世尊重顯此義而說頌曰：

對諸大眾前，　金剛藏問我：　云何勸供養，　破戒惡苾芻，
失杜多功德，　癡惡見所持，　非法器污道，　而不聽謫罰，
復說從彼聞，　三乘微妙法，　真解脫良藥，　趣寂靜涅槃？
何故餘經言，　一大乘解脫，　遮學二乘法，　今復說三乘？

哀愍諸有情，令捨邪惡業，得利益安樂，願為說除疑！
為益剎帝利，乃至戍達羅，不聽惱苾芻，恐彼染大罪。
剃髮被袈裟，諸佛法幢相，諸佛等護持，解脫道之眼。
雖破諸律儀，非永遮解脫，能捨諸惡見，當速趣涅槃。
如腐敗良藥，猶能療眾病，如是破律儀，亦能滅他苦。
不聽彼苾芻，在布薩羯磨，許為他說法，俱獲福無疑。
若歸敬三寶，稱我為大師，能棄捨眾惡，勝諸外道眾。
如墮羅剎渚，商眾悉驚惶，各執獸一毛，渡海得免難。
如是破戒者，離諸惡邪見，由一信為因，脫煩惱羅剎。
由護解脫相，諸佛等護持，不惱破戒僧，能離諸重惡。
諸樂多福人，欣求真解脫，等護器非器，證解脫無難。
癡慢號大乘，彼無有智力，尚迷二乘法，況能解大乘！
譬如闕壞眼，不能見眾色，如是闕壞信，不能解大乘。

無力飲池河，詎能吞大海？不習二乘法，何能學大乘？
先信二乘法，方能信大乘，無信誦大乘，空言無所益！
內真懷斷見，妄自號大乘，不護三業罪，壞亂我正法。
彼人命終後，定墮無間獄，故應觀機說，勿為非器者。
憍傲無慈悲，暴惡志下劣，智者應當知，是壞斷見者。
非聲聞緣覺，亦非大乘器，諂毀謗諸佛，必墮無間獄。
持戒樂喧鬧，慳法畏苦惡，智者應當了，是名聲聞乘。
樂施觀生滅，常欣獨靜處，智者應當了，是名獨覺乘。
具足諸善根，守護慈悲本，常樂攝利物，是名為大乘。
捨身命護戒，不惱害眾生，精進求空法，應知是大乘。
心堪忍諸法，善言無祕悋，於法常欣樂，應知是大乘。
法器非法器，利樂心平等，不染諸世法，應知是大乘。
是故有智者，普敬說三乘，不惱我僧徒，速成無上覺。

「復次，善男子！若有真善剎帝利、真善婆羅門、真善宰官、真善居士、真善長者、真善沙門、真善茷舍、真善戍達羅若男若女，成就十種有依行輪，於現身中速能種殖聲聞乘種，令不退失，或於現身成聲聞乘諸聖法器，非獨覺乘、大乘聖器。何等為十？一者、具足淨信，信有一切善惡業果；二者、具足慚愧，遠離一切惡友、惡見；三者、安住律儀，遠離殺生乃至飲酒；四者、安住慈心，遠離一切瞋恚忿惱；五者、安住悲心，救拔一切羸弱有情；六者、安住喜心，遠離一切語四惡業；七者、安住捨心，遠離一切慳貪、嫉妬；八者、具正歸依，遠離一切妄執吉凶，終不歸依邪神外道；九者、具足精進，堅固勇猛修諸善法；十者、常樂寂靜，思求法義歡悅無倦。善男子！若有真善剎帝利王乃至真善戍達羅等若男若女，成此十種有依行輪，於現身中速能種殖聲聞乘種，令不退失，或於現身證聲聞乘所有聖法，成聲聞乘諸聖法器，非證獨覺、大乘聖法，非成獨覺、大乘聖器，應知此中獨覺、大乘皆如是說。善男子！如是十種有依行輪，一切聲聞、獨覺、菩薩、諸佛如來皆同共有。

「善男子！復有十種有依行輪，不共聲聞，唯與獨覺、菩薩、如來皆同共有。若有真善剎帝利王乃至真善戍達羅等若男若女，成此十種有依行輪，於現身中速能種殖獨覺乘種，令不退失，或於現身證獨覺乘所有聖法，成獨覺乘諸聖法器。何等為十？一者、修行清淨身、語、意業，二者、具足慚愧厭患自身，三者、於五取蘊深生怖畏，四者、見生死河極為難渡，五者、常樂寂靜，離諸憒鬧，六者、樂阿練若，不譏他失，七者、守護諸根，心常寂定，八者、善觀緣起，審察因果，九者、常樂勤修等持、靜慮，十者、於集起法能善除滅。善男子！若有真善剎帝利王乃至真善戍達羅等若男若女，成此十種有依行輪，於現身中速能種殖獨覺乘種，令不退失，或於現身證獨覺乘所有聖法，成獨覺乘諸聖法器。善男子！是名一切聲聞、獨覺有依行輪，一切聲聞及諸獨覺依止此輪，速能超渡三有大海，速能趣入般涅槃城。

「善男子！有依行輪是何句義？言有依者，名有執取，有我所依，有所攝受，有所繫屬。行謂蘊行，界行、處行、有繫屬行。輪謂教授教誡之輪，如轉輪王所乘車輪或首行輪。如是一切聲聞、獨覺依止此輪求涅槃道故，此二種非大乘器。所以者何？由彼依止下劣行故，非大乘器。由彼執取自諸蘊行，驚怖厭患，自求解脫一切憂苦，不求解脫一切有情而修行故，非大乘器。由彼依止自諸界行，驚怖厭患，自求解脫一切憂苦，不求解脫一切有情而修行故，非大乘器。由彼攝受自諸處行，驚怖厭患，自求解脫一切憂苦，不求解脫一切有情而修行故，非大乘器。由彼繫屬有繫屬行，於諸有情不樂攝受，無有慈悲，有繫屬故，非大乘器。由彼觀他具受衆苦，捨而不救，但為自身求解脫故，非大乘器。由彼自斷諸煩惱首，不樂斷除一切有情諸煩惱首，非大乘器。由彼不能馭大乘輪趣菩提故，非大乘器。由彼不能隨大光輪趣菩提故，非大乘器。由彼憙樂獨一無侶，入涅槃城而修行故，非大乘器。

「善男子！有諸衆生於聲聞乘、獨覺乘法，未作劬勞正勤修學，如是衆生根機未熟，根機下劣，精進微少；若有為說微妙甚深大乘正法，說聽二人俱獲大罪，亦為違逆一切諸佛。所以者何？若諸衆生於聲聞乘、獨覺乘法，未作劬勞正勤修學，根機未熟，根機下劣，精進微少，而便聽受微妙甚深大乘正法，如是眾生實是愚癡，自謂聰叡，陷斷滅邊，墜顛狂想，執無因論，於諸業果生斷滅想，撥無一切善作、惡作，妄說大乘壞亂我法，非法說法，法說非法，實非沙門說是沙門，實是沙門說非沙門，實非毘奈耶說是毘奈耶，實是毘奈耶說非毘奈耶，愚癡顛倒憍慢嫉妬，朋黨之心於大乘法稱讚擁衛令廣流布，於聲聞乘、獨覺乘法謗毀障蔽不令流布。不能如實依聲聞乘或獨覺乘或無上乘，捨俗出家，受具足戒，成苾芻性，亦不如實修集一切善法因緣，於我弟子或是法器或非法器，謂勤修行學、無學行乃至證得最後極果真善異生，持戒、破戒、無戒者所，種種毀罵、呵嘖惱亂，奪其衣鉢，不聽受用諸資生具，繫縛禁閉。如是撥無一切因果斷滅論者，雖在人中，實是羅剎，於當來世無數大劫難得人身，寧在地獄受無量苦，不處人中起斷滅見。如是癡人，不久便當支體廢缺，於多日夜結舌不言，受諸苦毒，痛切難忍，命終定生無間地獄，於諸惡趣輪轉往來，受諸苦惱，難可救濟，多百千劫難復人身。雖過無量無數劫已還得人身，而生五濁無佛世界，生盲、生聾、瘖啞無舌，種種重病常所嬰纏，或身矬醜人不憙見，言詞拙訥耳所惡聞，心常迷亂無所解了，生貧窮家衆事闕乏，不逢善友，隨惡友行，樂作惡業，好執惡見造無間罪，復還重墮無間地獄，輪轉惡趣難有出期。如是愚癡斷滅論者，壞亂毀滅我之正法，逼惱謫罰我諸弟子持戒、破戒及無戒者，皆令不安修諸善品；由是因緣，多百千劫沒衆惡趣，從闇入闇難有出期。如是衆生所有罪報，皆為未求聽習聲聞、獨覺乘法，先求聽習微妙甚深大乘正法，如是愚癡斷滅論者，下劣人身尚難可得，況當能成賢聖法器！尚不能得聲聞、獨覺所證涅槃，況得廣大甚深無上正等菩提！如是衆生所有過失，皆由未學聲聞乘法、獨覺乘法，先入大乘。

「善男子！譬如坯瓶多諸瑕隙，盛油乳等盡皆滲漏，能盛、所盛二俱壞失。所以者何？器有失故。如是衆生於聲聞乘、獨覺乘法，未作劬勞正勤修學，根機未熟，根機下劣，精進微少；若有為說微妙甚深大乘正法，說聽二人俱獲大罪，亦為違逆一切諸佛，所有過失廣說如前。譬如世間庫藏頹穴置諸寶貨，多有散失；如是衆生於二乘法謗毀不信，不肯修學，為說大乘不如實解，因此造罪輪轉無窮。譬如舟船多諸泄漏，不任乘載泛於大海；如是眾生多懷慳嫉，於二乘法未曾修學，妄號大乘，實懷斷見，憍慢諂曲，成泄漏身，不堪憑入一切智海。譬如有人，其目盲瞽，不堪呈示種種珍寶；如是眾生憍慢放逸，執著空見，不學二乘，盲無慧目，不任顯示無上大乘功德珍寶。譬如有人，其身臭穢，雖以種種上妙香塗，而竟不能令身香潔；如是眾生愚癡憍慢，於二乘法不樂勤修，不斷殺生乃至邪見，雖勤聽受無上大乘，而竟不能解甚深法。譬如石田，雖殖好種，勤加營耨，終無果實；如是眾生於二乘法憍慢懈怠，不樂勤修，貪求五欲曾無厭倦，雖於彼身殖大乘種，精進勤苦，終無所成。譬如甕器，先貯毒藥，投少石蜜不任食用；如是眾生於二乘法不肯修學，執無因論，為說大乘，終不能成自他利益。譬如甕器，先貯石蜜，投少毒藥不任食用；如是眾生精勤修學二乘正法猶未成就，為說大乘，二俱壞失。譬如有人，癡狂心亂，為作音樂，不能了知；如是眾生於二乘法未曾修學，貪、瞋、癡等猛利煩惱擾亂其心，執著無因及斷滅論，根機未熟，為說大乘，雖經多時而不能解。譬如有人，不著甲冑，不持刀仗，輙入陣中必遭傷害，受諸苦惱；如是衆生於二乘法未曾修學，智慧狹劣，根器未成，為說大乘，必生妄執，由此展轉造惡無窮，如是癡人不久便當支體廢缺，於多日夜結舌不言，受諸苦毒，痛切難忍，命終定生無間地獄，於諸惡趣輪轉往來，應知如前次第廣說。

「善男子！是故，智者先應觀察一切衆心，然後說法，先當發起慈心、悲心、喜心、益心、不懈怠心、能忍受心、不憍慢心、不嫉妬心、不慳悋心、等引定心，然後為他宣說正法，終不令他諸衆生類聞所說法，輪轉生死，墮大險難。是故，如來善達一切衆生心相，以無塵垢、無取行輪為說正法。具大甲冑一切菩薩摩訶薩衆，為他說法亦復如是，由悲愍故，為令斷滅諸煩惱故，為令超渡三有海故，為諸衆生於三乘中隨心所樂隨趣一乘速圓滿故，為說正法，終不令其輪轉生死墮大險難。

「云何名無塵垢行輪？無塵垢者，謂說法時，不為有蘊、不為有處、不為有界、不為有欲界、不為有色界、不為有無色界、不為有此世、不為有他世、不為有諸行、不為有受、不為有想、不為有思、不為有觸、不為有作意、不為有無明、乃至不為有老死、不為有行及不行故，為諸衆生宣說正法，唯為一切諸蘊、處、界，廣說乃至行與不行皆寂滅故，為諸衆生宣說正法，以是義故名無塵垢。行者，所謂為能永斷死此生彼，為諸衆生宣說正法，為能永斷諸蘊、處、界，廣說乃至為能永斷行與不行，為諸衆生宣說正法，是名為行。輪者，所謂如滿月光，清涼無礙，遍滿虛空，照觸一切無障境界，如是如來及諸菩薩所有神通、記說、教誡三種勝輪，作用無礙遍諸世界，利樂一切所化衆生，令諸衆生不異歸趣，不共一切世間衆生，不共一切聲聞、獨覺，能令衆生斷滅生死諸苦惱法，證得安樂菩提涅槃，是名為輪。如是名為諸佛菩薩無塵垢行輪。

「云何名為無取行輪？謂於諸法無所罣礙，猶如日光普照一切，三乘根器隨其所宜，宣說正法無所執著，謂諸如來為諸衆生說如是法，猶如虛空無差別相，以無量定遊戲自在莊嚴住持，為諸衆生說微妙法無所執著。具大甲冑一切菩薩摩訶薩衆，為他說法亦復如是。謂說諸法非有非空，非即色空、非離色空乃至非即識空、非離識空，非即眼空、非離眼空乃至非即意空、非離意空，非即色空、非離色空乃至非即法空、非離法空，非即眼識空、非離眼識空乃至非即意識空、非離意識空，非即欲界空、非離欲界空乃至非即虛空無邊處空、非離虛空無邊處空，非即識無邊處空、非離識無邊處空，非即無所有處空、非離無所有處空，非即非想非非想處空、非離非想非非想處空，非即四念住空、非離四念住空，乃至非即八支聖道空、非離八支聖道空，非即緣起法空、非離緣起法空，非即三不護空、非離三不護空，非即四無所畏空、非離四無所畏空，非即十力空、非離十力空、非即十八不共法空、非離十八不共法空，非即大慈大悲大喜大捨空、非離大慈大悲大喜大捨空，非即涅槃空、非離涅槃空，是名如來及諸菩薩為諸眾生宣說處中微妙正法。

「善男子！如是如來為諸眾生以無塵垢行輪說法，如滿月光，清涼無礙，遍滿虛空，照觸一切無障境界，乃至廣說。又以無取行輪說微妙法，於一切法無所罣礙，猶如日光普照一切，三乘根器隨其所宜，宣說正法無所執著，謂諸如來為諸眾生說如是法，猶如虛空無差別相，以無量定遊戲自在莊嚴住持，為諸眾生說微妙法無所執著，令於三乘隨宜趣入；具大甲冑一切菩薩摩訶薩眾，為他說法亦復如是。令諸眾生聞此最勝甚深法已，於三乘中隨其所樂隨趣一乘，種種善根皆得成熟，隨於一乘極善安住，終不令其於生死中，增長種種惡不善法，令於涅槃堅固不退。

「善男子！菩薩摩訶薩為斷無量無數眾生生死流轉，為他說法，聲聞、獨覺但為自斷生死流轉，為他說法。菩薩摩訶薩為令無量無數眾生渡四瀑流，為他說法，聲聞、獨覺但為令己渡四瀑流，為他說法。菩薩摩訶薩為除無量無數眾生諸煩惱病，為他說法；聲聞、獨覺但為自除諸煩惱病，為他說法。菩薩摩訶薩為斷眾生諸蘊煩惱習氣相續令盡無餘，為他說法；聲聞、獨覺但為自斷諸蘊煩惱習氣相續有餘不盡，為他說法。菩薩摩訶薩為成大悲等流果故，大悲為因，為他說法；聲聞、獨覺不為大悲等流果故，無大悲因，為他說法。菩薩摩訶薩於諸眾生有所顧念，而為說法；聲聞、獨覺於諸眾生無所顧念，而為說法。菩薩摩訶薩為息一切他衆生苦，為他說法；聲聞、獨覺但為自息己所有苦，為他說法。菩薩摩訶薩為滿一切衆生法味，為他說法；聲聞、獨覺但為自滿己身法味，為他說法。菩薩摩訶薩為諸衆生得勝法明，為他說法；聲聞、獨覺但為自己得勝法明，為他說法。善男子！以要言之，菩薩摩訶薩無量律儀，普為除滅一切衆生大無明闇、大怖畏事一切衰損，得大光明及大名稱，如實覺悟一切智智，為他說法；聲聞、獨覺少分律儀，但為滅除自無明闇，得小光明及小名稱，如實覺悟少分法智，為他說法。

「善男子！聲聞、獨覺無有於他實懷顧念，無有於他實懷悲惻，無有於他實不輕弄，無有於他實為利益，無有於他實為拔濟，無有於他實行薦舉，無有於他實欲稱歎，無有於他實無諂曲而行讚美，無有於他不顧己身令彼安樂，無有於他不起誤失身語意業。善男子！住大乘者，無有於己實懷顧念，廣說乃至無有於他發起誤失身語意業。」

大乘大集地藏十輪經卷第六

大乘大集地藏十輪經卷第七

三藏法師玄奘奉　詔譯

有依行品第四之三

「復次，善男子！有諸衆生禀性暴惡，言辭麁獷，實是愚癡，懷聰明慢，不斷殺生乃至邪見，於他所得利養恭敬世所稱譽深生嫉妬，常自追求利養恭敬世所稱譽曾無厭倦，恒自讃譽，輕毀於他，不自防護身、語、意業，常樂習行一切惡行，內*心𤻲毒，無有悲愍，無慚無愧，憙觸惱他。於諸福田好簡勝劣，於歸我法諸出家人，常樂伺求所有瑕隙，纔得少相，未審真虛，即便輕毀呵罵謫罰，其心剛強佷戾迷亂，常憙觸惱諸出家人，不省己過，念譏他闕。雖聞讃歎大乘功德，發意趣求，而心好為諸重惡事，曾未寂靜。誑惑他故，於大乘法現自聽聞教他聽聞，現自讀誦教他讀誦，為自薦舉陵伏他故，於大乘法恭敬讚美，自於大乘諸行境界不曾修學，未能悟解，而自稱號：『我是大乘！』誘勸他人附己修學，規求名利以自活命，譬如破戒惡持律師自犯尸羅，樂行惡行。為名利故，誘勸他人，令勤修學毘奈耶藏。如是諂曲虛詐衆生，下賤人身尚當難得，退失善趣二乘涅槃，況得大乘，終無是處！當墮惡趣難有出期，諸有智人不應親近。而無慚愧於大衆中自號大乘如師子吼，為名利故誘誑愚癡，令親附己共為朋黨，譬如有驢披師子皮，而便自謂以為師子，有人遙見謂真師子，及至鳴已皆識是驢，咸共唾言：『此非師子！是食不淨真弊惡驢。』種種呵叱皆共捨去。

「我說如是補特伽羅，常樂習行十惡業道，燒滅一切人天種子，尚退聲聞、獨覺乘法，況於大乘能成法器！愚癡憍慢，自號大乘，誑惑他人，招集利養，譬如礙慢無手足人欲興戰伐，入於大陣，徒設功劾，終無剋成；詐號大乘亦復如是，信手戒足無有一全，不自崖揆所堪行業，欲興戰伐煩惱大陣，徒設功劾，終無剋成。我說是人不護三業，專行惡行，妄號大乘，實於三乘皆非法器，而欲破壞一切衆生勇健堅牢煩惱大陣，欲皆顯示一切衆生八支聖道，令入無畏涅槃之城，終無是處。

「所以者何？善男子！夫大乘者，受持第一清淨律儀，修行第一微妙善行，具足第一堅固慚愧，深見深畏後世苦果，遠離所有一切惡法，常樂修行一切善法，慈悲常遍一切有情，恒普為作利益安樂，救濟度脫一切有情所有厄難、生死衆苦，不顧自身所有安樂，唯求安樂一切有情，如是名為住大乘者。善男子！有何等相名聲聞乘？謂諸衆生常勤精進，安住正念樂等引定，離諸諂誑，信知業果，不著五欲，世間八法所不能染，修善勇猛如救頭然，常審諦觀諸蘊、界、處，恒樂安住所有聖種，具此相者，名聲聞乘。如是衆生尚未能成獨覺乘器，況復能成大乘法器！善男子！有何等相名獨覺乘？謂諸衆生具上聲聞一切功德，復能於彼五取蘊中數數安住，隨無常觀數數安住，隨生滅觀普於一切緣生法中，能審諦觀皆是滅法，具此相者，名獨覺乘，如是衆生非大乘器。」

爾時，世尊重顯此義而說頌曰：

若真善人剎帝利，乃至真善戍達羅，修信等十有依輪，於聲聞乘速成器。
求獨覺乘三業淨，具足慚愧怖諸蘊，知過樂靜住空閑，念守諸根心寂定。
善觀緣起修靜慮，諸蘊界處巧能觀，具此十行有依輪，成勝乘器度有海。
修共三乘二乘輪，自求解脫煩惱苦，不度有情不捨習，此人俱非大乘器。
愚癡懈怠根下劣，於二乘法不勤修，定不能具大乘輪，故非大乘廣大器。
愚癡獨一求解脫，劣意下行無慈悲，樂著斷見向惡趣，棄捨正法說非法。
毀謗二乘捨律行，受具足戒號大乘，破亂我法惑衆生，由此人身難復得。
惱亂我法諸賢聖，謫罰被赤袈裟人，呵罵遮奪衣鉢等，長時退失人天趣。
是故若欲復人身，不恚舌*跉而捨命，常樂值遇諸佛者，普應弘護三乘法。
欲得三乘最上乘，應善觀察三乘法，歡喜為他普開示，當得成佛定無疑。
破戒慳*貪懷憍慢，自讚毀他號大乘，捨離此人依智者，定當成佛度三界。
於三乘器隨所宜，慈悲為說三乘法，隨願令滿無慳嫉，當得成佛定無疑。

知蘊界處皆空寂，無所依住譬虛空，說法等攝諸有情，當獲妙覺無邊智。
破戒意樂懷惡心，聞說大乘勝功德，詐號大乘為名利，如弊驢披師子皮。
我今普告一切衆，若欲疾得勝菩提，當善修持十善業，護持我法勿毀壞。
我昔諸餘契經說，應求大覺行大乘，捨離聲聞獨覺乘，為清淨者說斯法。
曾供無量俱胝佛，斷惡勤勞修淨心，我為勸進彼衆生，故說一乘無第二。
今此衆具三乘器，有但堪住聲聞乘，心極憂怖多事業，彼非上妙菩提器。
有凝樂靜住獨覺，彼非上妙菩提器，有堪安住上妙智，故隨所樂說三乘。
具淨功德樂解脫，聞說大乘墮惡趣，如病痰癊教服乳，此增毒害非除疾。
如是非器聲聞乘，聞說大乘心迷亂，便起斷見墜惡趣，故應說法審觀機。

大乘大集地藏十輪經懺悔品第五

爾時，世尊說是頌已，於衆會中有無量百千衆生曾誤聞法，謬生空解，撥無因果，斷滅善根，往諸惡趣，聞說此經還得正見，即從座起，頂禮佛足，於世尊前深生慚愧，至誠懺悔，合掌恭敬而白佛言：「大德世尊！我等本在聲聞乘中曾種善根，未能成熟聲聞乘器，後復遇聞獨覺乘法，迷惑不了，便生空見，撥無因果，由是因緣，造身、語、意無量罪業，往諸惡趣。我等今者於世尊前聞說此經，還得正見，深心慚愧，發露懺悔，不敢覆藏，願悉除滅，從今已往永不復作，防護當來所有罪障。唯願世尊哀愍攝受，令我等罪皆悉銷滅，於當來世永不更造！唯願世尊哀愍濟拔我等當來惡趣苦報！我等今者還願受行先所修集聲聞乘行，唯願世尊哀愍教授！」

世尊告曰：「善哉！善哉！汝等乃能如是慚愧發露懺悔，於我法中有二種人名無所犯：一者、稟性專精本來不犯，二者、犯已慚愧發露懺悔。此二種人於我法中，名為勇健得清淨者。」

於是世尊隨其所樂，方便為說四聖諦法。於彼衆中，有得下品忍者，有得中品忍者，有得上品忍者，有得世間第一法者，有得預流果者，有得一來果者，有得不還果者，於中復有八萬四千苾芻諸漏永盡，心得解脫，意善清淨成阿羅漢，歡喜禮佛，還復本座。

時衆會中復有五十七百千那庾多衆生曾誤聞法，謬生空解，撥無因果，斷滅善根，往諸惡趣，聞說此經還得正見，即從座起，頂禮佛足，於世尊前深生慚愧，至誠懺悔，合掌恭敬而白佛言：「大德世尊！我等本在獨覺乘中曾種善根，未能成熟獨覺乘器，後復遇聞說大乘法，雖生愛樂而不能解，愚冥疑惑便生空見，撥無因果，由是因緣，造身、語、意無量罪業，乘此業緣，於無量劫墮諸惡趣受種種苦，楚毒難忍。我等今者於世尊前聞說此經，還得正見，深心慚愧，發露懺悔，不敢覆藏，願悉除滅，從今已往永不復作，防護當來所有罪障。唯願世尊哀愍攝受，令我等罪皆悉銷滅，於當來世永不更造！唯願世尊哀愍濟拔我等當來惡趣苦報！我等今者還願受行先所修集獨覺乘行，惟願世尊哀愍教授！」

世尊告曰：「善哉！善哉！汝等乃能如是慚愧發露懺悔，於我法中有二種人名無所犯：一者、禀性專精本來不犯，二者、犯已慚愧發露懺悔。此二種人於我法中，名為勇健得清淨者。」

於是世尊隨其所樂，方便為說諸緣起法，令彼一切修緣覺乘漸次圓滿，皆悉證得幢相緣定，於獨覺乘得不退轉，歡喜禮佛，還復本座。

時眾會中復有八十百千那庾多眾生，曾於過去諸佛法中毀謗佛教下至一頌，由是因緣，墮諸惡趣受眾苦報，初復人身生便瘖瘂，常患舌*跉口不能言，聞說此經還得正見，即從座起頂禮佛足，於世尊前深生慚愧，至誠懺悔宿世惡業，合掌恭敬瞻仰世尊，佛神力故皆悉能語。

爾時，世尊知而故問：「汝等宿世作何惡業，今處眾中口不能語？」

彼諸人眾俱時白佛，於中一類作如是言：「大德世尊！我等往昔於毘鉢尸如來法中，或言毀謗大乘正法，或言毀謗獨覺乘法，或言毀謗聲聞乘法，下至一頌，我等由是惡業障故，九十一劫流轉生死，常處地獄傍生餓鬼，瘖瘂無舌都不能言，受諸苦毒痛切難忍，始於今世得復人身，而猶瘖瘂常患舌*跉，蒙佛神力方始能言，復能憶念自過去世所有因緣諸惡業障。」

復有一類作如是言：「大德世尊！我等往昔於尸棄如來法中，或言毀謗大乘正法，各隨本緣如前廣說。」

復有一類作如是言：「大德世尊！我等往昔於毘攝浮如來法中，或言毀謗大乘正法，各隨本緣如前廣說。」

復有一類作如是言：「大德世尊！我等往昔於羯洛迦孫馱如來法中，或言毀謗大乘正法，各隨本緣如前廣說。」

復有一類作如是言：「大德世尊！我等往昔於羯諾迦牟尼如來法中，或言毀謗大乘正法，各隨本緣如前廣說。」

復有一類作如是言：「大德世尊！我等往昔於迦葉波如來法中，或言毀謗大乘正法，或言毀謗獨覺乘法，或言毀謗聲聞乘法，下至一頌，我等由是惡業障故，從爾以來流轉生死，常處地獄、傍生、餓鬼，瘖啞無舌都不能言，受諸苦毒痛切難忍，始於今世得復人身，而猶瘖啞常患舌*跉，蒙佛神力方始能言，復能憶念自過去世所有因緣諸惡業障。我等今者於世尊前聞說此經獲得正見，深心慚愧，發露懺悔，不敢覆藏，願悉除滅，從今以往永不復作，防護當來所有罪障。唯願世尊哀愍攝受，令我等罪皆悉銷滅，於當來世永不更造！唯願世尊哀愍濟拔我等當來惡趣苦報！唯願世尊哀愍我等為說正法！」

世尊告曰：「善哉！善哉！汝等乃能如是慚愧發露懺悔，於我法中有二種人名無所犯：一者、稟性專精本來不犯，二者、犯已慚愧發露懺悔。此二種人於我法中，名為勇健得清淨者。」

於是世尊隨其所樂，方便為說種種正法，各隨所宜皆得利益，歡喜禮佛，還復本座。

時眾會中復有無量百千聲聞及無量百千那庾多菩薩，聞說此經，憶昔所造諸惡業障，即從座起，頂禮佛足，於世尊前深生慚愧，至誠懺悔，合掌恭敬皆白佛言：「大德世尊！我等憶昔曾於無量諸佛法中，或有說言：我等於彼諸佛弟子或是法器、或非法器，多行忿恨、呵罵、毀辱、譏刺、輕誚種種誹謗，隱善揚惡。我等由此惡業障故，經無量劫墮諸惡趣受諸重苦，楚毒難忍，後得值遇無量諸佛，皆曾親近承事供養，又得值遇無量菩薩摩訶薩眾，亦皆親近承事供養。於一一佛一一菩薩摩訶薩前，皆深慚愧發露懺悔諸惡業障，於一一佛一一菩薩摩訶薩所皆得聽受無量法門，精勤護持，修學無量難行苦行，由彼業障有餘未盡，令我等輩未能證得安樂涅槃，未能證得三摩地門殊勝功德。我等今者於世尊前聞說此經，復深慚愧發露懺悔，不敢覆藏，願悉除滅，從今以往永⊙不復作，防護當來所有罪障。唯願世尊哀愍攝受，令我等罪皆悉除滅，於當來世永不更造！唯願世尊哀愍濟拔我等當來惡趣苦報！我等今者承佛威力，願隨所樂速能證得安樂涅槃，或能證得三摩地門殊勝功德。

「復有說言：我等於彼諸佛弟子或是法器、或非法器，以麁惡言期尅迫憦，我等由此惡業障故，經無量劫墮諸惡趣，應知如前次第廣說。

「復有說言：我等於彼諸佛弟子或是法器、或非法器，打棒傷害，我等由此惡業障故，經無量劫墮諸惡趣，應知如前次第廣說。

「復有說言：我等於彼諸佛弟子或是法器、或非法器，侵奪衣鉢，我等由此惡業障故，經無量劫墮諸惡趣，應知如前次第廣說。

「復有說言：我等於彼諸佛弟子或是法器、或非法器，侵奪種種資生衆具，絕其飲食，我等由此惡業障故，經無量劫墮諸惡趣，應知如前次第廣說。

「復有說言：我等於彼無量諸佛出家弟子或是法器、或非法器，退令還俗，脫其袈裟，課稅役使，我等由此惡業障故，經無量劫墮諸惡趣，應知如前次第廣說。

「復有說言：我等於彼無量諸佛出家弟子或是法器、或非法器，或有罪犯、或無罪犯，枷鎖繫縛，禁閉牢獄，我等由此惡業障故，經無量劫墮諸惡趣，應知如前次第廣說。

「復有說言：我等於彼無量諸佛出家弟子或是法器、或非法器，起輕慢心，種種觸惱令不安樂，我等由此惡業障故，經無量劫受諸重苦，楚毒難忍，後得值遇無量諸佛，皆曾親近承事供養，又得值遇無量菩薩摩訶薩衆，亦皆親近承事供養。於一一佛一一菩薩摩訶薩前，皆深慚愧發露懺悔諸惡業障，於一一佛一一菩薩摩訶薩所皆得聽受無量法門，精勤護持，修學無量難行苦行，由彼業障有餘未盡，令我等輩未能證得安樂涅槃，未能證得三摩地門殊勝功德。我等今者於世尊前聞說此經，復深慚愧發露懺悔，不敢覆藏，願悉除滅，從今以往永不復作，防護當來所有罪障。唯願世尊哀愍攝受，令我等罪皆悉消滅，於當來世永不更造！唯願世尊哀愍濟拔我等當來惡趣苦報！我等今者承佛神力，願隨所樂，速能證得安樂涅槃，或能證得三摩地門殊勝功德。」

於是世尊普告聲聞、菩薩衆曰：「善哉！善哉！汝等乃能如是慚愧發露懺悔，有二種人名無所犯：一者、稟性專精本來不犯，二者、犯已慚愧發露懺悔。此二種人於我法中，名為勇健得清淨者。

「又，善男子！如是惱亂佛弟子罪，比前所說近無間罪，彼但有名，未足稱罪，然此惱亂佛弟子罪，亦過前說五無間罪無量倍數。所以者何？若諸苾芻毀破禁戒，作諸惡法，猶能示導無量百千俱胝那庾多衆生善趣涅槃無顛倒路，與諸衆生作大功德珍寶伏藏，如前廣說，況持禁戒修善法者！以是義故，若有惱亂佛弟子衆諸出家人，當知則為斷三寶種，亦則名為挑壞一切衆生法眼，亦為毀滅我久勤苦所得正法，與諸衆生作大衰損。是故惱亂佛弟子罪，過前所說五無間罪無量倍數。是故汝等今於我前，起至誠心，增上慚愧，慇懃懇切發露懺悔往昔所造諸惡業障，我今慈悲攝受汝等，令惡業障漸得消滅。

「於此佛土大賢劫中，有千如來出現於世，汝等於彼諸如來前，亦當至誠發露懺悔諸惡業障，防護當來所有罪咎。於此賢劫千如來中，最後如來名曰盧至如來、應、正等覺、明行圓滿、善逝、世間解、無上丈夫、調御士、天人師、佛、薄伽梵，十號具足。汝等於彼盧至佛前，亦當至誠發露懺悔，諸惡業障乃得滅盡，無有遺餘。」

時諸聲聞及菩薩衆俱時白佛：「唯然！世尊！我等審當於彼最後盧至佛所獲得正見，離諸邪見，諸惡業障盡滅無餘，解脫一切衆苦惱者。若令我等於大賢劫常處無間大地獄中，恒受種種極重苦惱，亦能堪忍。」

世尊告曰：「善哉！善哉！汝等乃能如是勇猛，汝等由此堅固精進自誓願力，定能於彼盧至佛前，宿世所集諸惡業障皆悉消滅，定能發起增上信敬，親近供養盧至如來，定能永斷一切煩惱成阿羅漢，或定能證三摩地門殊勝功德。」

時諸聲聞及菩薩眾歡喜禮佛，還復本座。

爾時，世尊告金剛藏菩薩摩訶薩言：「善男子！我以佛眼觀諸世間，見未來世此佛土中，有無量無數百千俱胝那庾多剎帝利旃茶羅、婆羅門旃茶羅、宰官旃茶羅、居士旃茶羅、長者旃茶羅、沙門旃茶羅、茷舍旃茶羅、戍達羅旃茶羅若男若女，少種善根，雖得人身，而隨惡友起諸邪見，造諸惡行，壞我甚深無上正法，於我所說無有熾然，滅熾然法，不生信樂。或於我說與聲聞乘相應正法，誹謗輕毀，障蔽隱沒不令流布。或於我說與獨覺乘相應正法，誹謗輕毀，障蔽隱沒不令流布。或於我說與無上乘相應正法，誹謗輕毀，障蔽隱沒不令流布。或於歸我諸出家人若是法器、若非法器，多行忿恨、呵罵、毀辱、譏刺、輕誚、種種誹謗，隱善揚惡，廣說乃至起輕慢心種種觸惱。如是諸人非聖法器，自實愚癡，懷聰明慢，從此命終墮三惡趣，受無量種增上猛利難忍苦毒，經於無量百千俱胝那庾多劫難復人身，如前廣說。善男子！如是眾生寧處無間大地獄中受諸重苦，不受如是鄙惡人身，憍慢貢高，隨順惡友造作如是惡不善業，流轉生死難可濟度，常處生死受諸苦惱。」

爾時，會中有無量無數大慧有情從座而起，頂禮佛足，合掌向佛，悲泣墮淚而白佛言：「大德世尊！諦觀如是世間衆生，雖皆獲得難得人身，而遠離正信，遠離正願，遠離正意樂，遠離正見，遠離善知識，遠離好時，遠離好處，遠離淨戒，遠離正定，遠離正慧。如是衆生雖皆獲得難得人身，而由愚癡憍慢力故，造作如前所說重罪，毀謗世尊所說正法，觸惱世尊出家弟子。我等今者對世尊前，以至誠心發真誓願：『我等從今流轉生死乃至未得解脫已來，常願不遇如是惡緣，決定不造如是重罪，終不毀謗諸佛正法，亦不觸惱諸出家人，必不挑壞衆生法眼，亦不斷滅三寶種性。』惟願世尊哀愍攝受我等所發如是誓願！」

時衆會中復有無量百千俱胝那庾多聰慧有情從座而起，頂禮佛足，合掌恭敬而白佛言：「大德世尊！我等今者對世尊前，以至誠心發真誓願：『我等從今流轉生死乃至未得法忍已來，於其中間常願不處諸帝王位，常願不處諸宰官位，常願不處諸國師位，常願不處城邑聚落鎮邏長位，常願不處諸軍將位，常願不處諸商主位，常願不處一切祠祀寺觀主位，常願不處長者、居士、沙門主位，常願不處諸師長位，常願不處諸家長位，常願不處斷事者位，常願不處乃至一切富貴尊位。乃至未得法忍已來，我等若處如是諸位，則於佛法名惡因緣，造諸重罪，毀謗諸佛所說正法，觸惱諸佛出家弟子，必當挑壞眾生法眼，亦為斷滅三寶種性，亦為損惱無量有情，由是定當墮無間獄，輪轉惡趣，難有出期。』唯願世尊哀愍攝受我等所發如是誓願！」

爾時，一切諸來大眾，天、龍、藥叉、健達縛、人非人等，皆從座起，頂禮佛足，悲號感切，涕淚交流，合掌恭敬而白佛言：「大德世尊！我等無始生死已來，愚癡憍慢，起諸惡業，或身惡業，或語惡業，或意惡業，自作教他，見聞隨喜。如是諸罪，今對佛前，皆深慚愧發露懺悔，不敢覆藏，願悉除滅，從今以往永不復作，防護當來所有罪咎。」第二第三亦如是說：「我等至誠發真誓願：『從今乃至生死後際，於其中間常願不逢諸惡知識，亦願不遇諸惡因緣，設當逢遇，願不隨順，決定不造如前所說諸惡罪業，勿令我等長夜受苦。』唯願世尊哀愍攝受我等所發如是誓願！」

爾時，世尊普告一切諸來大眾：「善哉！善哉！汝等乃能於後世苦深見怖畏，發露懺悔。汝等今者欲度生死深廣瀑流，欲入無畏涅槃之城，發如是願。

「諸善男子！有十種法，能令菩薩摩訶薩等獲得無罪正路法忍。何等為十？諸善男子！若諸菩薩摩訶薩等不著內身、不著外身、不著內外身、不著過去身、不著未來身、不著現在身，名第一法，能令菩薩摩訶薩等獲得無罪正路法忍。又，善男子！若諸菩薩摩訶薩等不著內受、不著外受、不著內外受、不著過去受、不著未來受、不著現在受，名第二法，能令菩薩摩訶薩等獲得無罪正路法忍。又，善男子！若諸菩薩摩訶薩等不著內想、不著外想、不著內外想、不著過去想、不著未來想、不著現在想，名第三法，能令菩薩摩訶薩等獲得無罪正路法忍。又，善男子！若諸菩薩摩訶薩等不著內行、不著外行、不著內外行、不著過去行、不著未來行、不著現在行，名第四法，能令菩薩摩訶薩等獲得無罪正路法忍。又，善男子！若諸菩薩摩訶薩等不著內識、不著外識、不著內外識、不著過去識、不著未來識、不著現在識，名第五法，能令菩薩摩訶薩等獲得無罪正路法忍。又，善男子！若諸菩薩摩訶等不著此世，名第六法，能令菩薩摩訶薩等獲得無罪正路法忍。又，善男子！若諸菩薩摩訶薩等不著他世，名第七法，能令菩薩摩訶薩等獲得無罪正路法忍。又，善男子！若諸菩薩摩訶薩等不著欲界，名第八法，能令菩薩摩訶薩等獲得無罪正路法忍。又，善男子！若諸菩薩摩訶薩等不著色界，名第九法，能令菩薩摩訶薩等獲得無罪正路法忍。又，善男子！若諸菩薩摩訶薩等不著無色界，名第十法，能令菩薩摩訶薩等獲得無罪正路法忍。諸善男子！是名十法，能令菩薩摩訶薩等獲得無罪正路法忍。」

世尊為衆說此法時，於衆會中有七十二百千俱胝菩薩摩訶薩同時證得無生法忍，復有八十四百千那庾多菩薩證得隨順法忍，復有無量百千聲聞乃至永斷一切煩惱成阿羅漢，復有百千那庾多衆生先未發心，今發無上正等覺心，於如來智住不退地，復有無量無數衆生先未發心，於今乃發獨覺乘心，復有無量無數衆生先未發心，於今乃發聲聞乘心。

爾時，世尊復告大衆：「若諸有情已得法忍，處剎帝利灌頂王位，受用種種勝大財業，及處種種富貴尊位，是我所許，非餘有情。」

金剛藏菩薩白佛言：「世尊！若諸有情未得法忍，於剎帝利灌頂王位受用種種勝大財業，及餘種種富貴尊位，定不許處，為亦許耶？」

世尊告曰：「若諸有情未得法忍，有能受行十善業道，亦勸衆生令受學者，我亦聽許處剎帝利灌頂王位，受用種種勝大財業，及餘種種富貴尊位。若諸有情未得法忍，亦不受行十善業道及勸衆生令勤受學，以強勢力處剎帝利灌頂王位，受用種種勝大財業，及處種種富貴尊位，名剎帝利旃荼羅王，及餘種種富貴尊位旃荼羅王，愚癡憍慢，毀壞擾亂我甚深法，滅正法燈，斷三寶種，於我出家諸弟子衆，種種惱亂，捶拷刑罰，奪其衣鉢、基業、財產，退令還俗，課稅役使，繫閉牢獄乃至斷命，於我所說微妙法義，誹謗輕毀，障蔽隱沒不令流布，奪窣堵波及僧祇物，如是諸人皆當墜墮無間地獄受諸劇苦，輪轉惡趣難有出期。」

時，金剛藏菩薩復白佛言：「世尊！若諸有情未得法忍，亦不受行十善業道及勸眾生令勤受學，以強勢力處剎帝利灌頂王位，受用種種勝大財業，及餘種種富貴尊位，頗有別緣得方便救，令其免墮無間地獄及餘惡趣受諸苦不？」

世尊告曰：「亦有別緣得方便救，謂有眾生處剎帝利灌頂王位，及餘種種富貴尊位，雖復未得成就法忍、十善業道，而有信力，尊敬三寶，於佛所說三乘相應諸出要法下至一頌，終不謗毀障蔽隱沒，不令流布。於佛出家諸弟子眾持戒、破戒，下至無戒，剃除鬚髮披袈裟者，皆不惱亂捶拷謫罰，侵奪衣鉢、基業、財產，退令還俗，課稅役使，繫閉牢獄乃至斷命，亦不侵奪窣堵波物及僧祇物，遮制摧伏諸暴惡人，不令惱亂諸出家眾，不令侵奪三寶財物。於佛所說三乘相應諸出要法恭敬聽受，既聽受已，精進修行，法隨法行。於我三乘賢聖弟子恭敬供養，親近承事。於大乘中誓願堅固，終無疑難退屈之心，亦常勸導安置眾生，令於大乘信受修學。此剎帝利旃荼羅王及餘種種富貴尊位旃荼羅王，過去諸佛皆共聽許處帝王位及餘種種富貴尊位，雖復受用種種國土城邑聚落勝大財業，而得免墮無間地獄及餘惡趣；我亦聽許處帝王位及餘種種富貴尊位，雖復受用種種國土執邑聚落，而得免墮無間地獄及諸惡趣。

「若諸有情欲得懺悔除滅一切諸惡業障令無餘者，於我所說如是法門，當勤修學勿令廢忘。有能如此現前大眾慚愧懺悔諸惡業者，先世所造一切惡業皆得銷滅，無有遺餘。」

大乘大集地藏十輪經卷第七

大乘大集地藏十輪經卷第八

三藏法師玄奘奉　詔譯

善業道品第六之一☆

爾時，金剛藏菩薩摩訶薩復白佛言：「大德世尊！菩薩摩訶薩云何於聲聞乘得無誤失？云何於聲聞乘補特伽羅得無誤失？云何於獨覺乘得無誤失？云何於獨覺乘補特伽羅得無誤失？云何於大乘得無誤失？云何於大乘補特伽羅得無誤失？云何常能熾然三寶種姓？云何於諸如來出家弟子若是法器、若非法器，下至一切被片袈裟剃鬚髮者得無誤失？云何於大乘法常得昇進無有退轉？云何利慧勝福常得增長？云何於一切定、諸陀羅尼、諸忍、諸地速得自在無有退轉？云何常得值遇諸善知識隨順而行？云何常得不離見一切佛及諸菩薩、聲聞弟子，不離聞法，不離親近供養眾僧？云何於諸善根常精進求心無厭足？云何常於菩提種種行願心無厭足？」

爾時，世尊告金剛藏菩薩摩訶薩言：「善男子！有菩薩摩訶薩十輪，若菩薩摩訶薩成此十輪，於聲聞乘得無誤失，於聲聞乘補特伽羅得無誤失，於獨覺乘得無誤失，於獨覺乘補特伽羅得無誤失，於其大乘得無誤失，於其大乘補特伽羅得無誤失，常能熾然三寶種姓，於諸如來出家弟子若是法器、若非法器，下至一切被片袈裟剃鬚髮者得無誤失，於大乘法常得昇進，無有退轉，利慧勝福常得增長，於一切定、諸陀羅尼、諸忍、諸地速得自在，無有退轉，常得值遇諸善知識隨順而行，常得不離見一切佛及諸菩薩、聲聞弟子，不離聞法，不離親近供養眾僧，於諸善根常精進求心無厭足，常於菩提種種行願心無厭足，常於一切先所造作惡不善業，以聖金剛堅利法智摧壞散滅，令無遺餘，不受果報，更不造新惡不善業，心無厭倦，速能證得無上法輪，常勤修習七覺分寶心無厭倦，常能除滅一切眾生諸煩惱病心無厭倦，一切眾生依止存活。

「善男子！如轉輪王具足七寶，凡所行動輪寶導前，餘寶隨後，巡四大洲，普能除滅一切眾生身心濁穢，普能生長一切眾生身心安樂；菩薩摩訶薩亦復如是，成就十輪，於聲聞乘得無誤失，廣說乃至一切眾生依止存活。善男子！如大車輅具足四輪，多人乘之遊行大路，於其路上，土塊瓦礫、草木根莖、枝葉華果為輪所輾，皆悉摧壞，不任受用；菩薩摩訶薩亦復如是，成就十輪，悉能摧壞諸煩惱障、諸有情障、一切法障，令不受報。善男子！如利劍輪，纔一投擲能斬怨敵首及支節，令無勢用；菩薩摩訶薩亦復如是，成就十輪，能破一切五趣牢獄生死大苦，永斷一切煩惱惡業，令不受報。

「善男子！如火災起，五日出時，遍四大洲一切河海，水界津潤無不枯竭；菩薩摩訶薩亦復如是，成就十輪，一切四因、諸煩惱障、諸有情障、一切法障，苦報根本悉皆枯竭。善男子！如風災起，四方猛風俱時頓發，一切世界大、小諸山及諸大地悉皆散滅；菩薩摩訶薩亦復如是，成就十輪，世間四倒、憍慢諸山無不崩壞，一切眾生諸煩惱障、諸有情障、一切法障，苦報根本悉皆散滅。

「善男子！如師子王吼聲一發，一切禽獸悉皆驚怖，飛落走伏無敢輒動；菩薩摩訶薩亦復如是，成就十輪，法音一震，乃至一切外道異學、惡知識等悉皆驚怖，忘失言辯，無敢酬抗。善男子！如天帝釋與阿素洛將欲戰時，天軍圍遶，手執金剛奔趣陣敵，諸阿素洛驚怖退散；菩薩摩訶薩亦復如是，成就十輪，一切倒見外道異學、惡知識等驚怖退散。善男子！如如意珠置高幢上，能雨種種上妙珍寶，給施一切貧乏眾生；菩薩摩訶薩亦復如是，成就十輪，處淨戒幢，雨大法雨，給施一切無量眾生。

「善男子！如闇夜分，世間幽冥都無所見，迷失正道，滿月出已諸闇皆除，諸失道者皆見正路；菩薩摩訶薩亦復如是，成就十輪，若諸眾生無明昏闇，由此迷失八支聖道，菩薩為其宣說正法，除無明闇生法光明，開示顯現八支聖道，令斷諸漏盡諸苦際。善男子！如大日殿出現世間，一切苗稼悉皆增長，一切花葉悉皆敷榮，一切臭穢悉皆除歇，諸穀果藥悉皆成熟，雪山銷流諸河充溢，漸次轉注滿於大海；菩薩摩訶薩亦復如是，成就十輪，依止增上布施、調伏、寂靜、尸羅、安忍、正勤、靜慮、般若、方便、慈悲、辯才功德皆悉熾盛，為諸眾生宣說正法，由法威光令諸眾生種種增上善根苗稼悉皆增長，種種增上妙行華葉悉皆敷榮，種種煩惱惡業惡行悉皆除歇，善趣涅槃諸穀果藥悉皆成熟，邪見慢山悉皆銷流，種種正信、戒、聞、捨、慧及諸定河無不充溢，漸次盈滿大涅槃海，令諸有情隨意所樂，趣入無畏涅槃之城。

「善男子！云何名菩薩摩訶薩十輪？善男子！此十輪者非餘法也，當知即是十善業道。成就如是十種輪故，得名菩薩摩訶薩也。於一切惡皆能解脫，一切善法隨意成就，速能盈滿大涅槃海，以大善巧方便智光成熟一切眾生之類，皆令獲得利益安樂。所以者何？善男子！過去一切諸佛世尊皆悉遠離十惡業道，皆悉稱揚讚歎如是十善業道所得果報，是故若能於此所說十善業道隨守護一，乃至命終究竟無犯，必獲一切殊勝果報，如前後說。

「善男子！若菩薩摩訶薩能盡形壽遠離殺生，即是施與一切眾生無驚無怖，令諸眾生不生憂苦，離毛竪畏，由此善根速得成熟。所有前際輪轉五趣沒生死河，因殺生故造身語意諸惡業障、諸煩惱障、諸有情障、一切法障、諸壽命障，自作教他，見聞隨喜，由此遠離殺生輪故，皆悉輾壞摧滅無餘，不受果報。於現身中諸人天等皆共親愛，無有猜慮，身心安樂，壽命長遠。將命終時，身心不為憂苦逼切，所愛妻子眷屬圍遶。臨命終時，不見可怖剡魔王使，唯見可意、成調善法、具戒富德、真實福田為善知識，身心歡悅，深生敬信。既命終已，還生人中，諸根圓滿，支體具足，隨所生處，無病長壽，端正聰明，安隱快樂。復遇可意、成調善法、具戒富德、真實福田為善知識，依彼修學離殺生法，能斷一切惡不善法，能成一切殊勝善法，能求一切大乘法義，能修一切菩薩願行，漸次趣入深廣智海乃至證得無上菩提。所居佛土離諸兵器，無有怨害鬪戰之名，絕諸怖畏安隱快樂，一切無病長壽有情來生其國，如來自壽無量無邊，為諸有情如應說法，般涅槃後正法久住，利益安樂無量有情。

「善男子！是名菩薩摩訶薩第一遠離殺生輪也。菩薩摩訶薩成就此輪故，於聲聞乘得無誤失，於聲聞乘補特伽羅得無誤失，於獨覺乘得無誤失，於獨覺乘補特伽羅得無誤失，於其大乘得無誤失，於其大乘補特伽羅得無誤失，常能熾然三寶種性，於諸如來出家弟子若是法器、若非法器，下至一切被片袈裟剃鬚髮者得無誤失，於大乘法常得昇進，無有退轉，利慧勝福常得增長，於一切定、諸陀羅尼、諸忍、諸地速得自在，無有退轉，常得值遇諸善知識隨順而行，常得不離見一切佛及諸菩薩、聲聞弟子，不離聞法，不離親近供養眾僧，於諸善根常精進求心無厭足，常於菩提種種行願心無厭足，所得果報廣如前說。

「復次，善男子！若菩薩摩訶薩能盡形壽離不與取，即是施與一切眾生無驚無怖，無有熱惱亦無擾動，於自所得如法財利喜足而住，終不希求非法財利，由此善根速得成熟。所有前際輪轉五趣沒生死河，因不與取造身語意諸惡業障、諸煩惱障、諸有情障、一切法障、諸財寶障，自作教他，見聞隨喜，由此遠離不與取輪，皆悉輾壞摧滅無餘，不受果報。於現身中諸人天等皆共親愛，無所猜慮，身心安樂，財寶具足。將命終時，身心不為憂苦逼切，所愛妻子眷屬圍遶。臨命終時，不見可怖剡魔王使，唯見可意、成調善法、具戒富德、真實福田為善知識，身心歡悅，深生敬信。既命終已，還生人中，諸根圓滿，支體具足，隨所生處，具大財寶，端正聰明，安隱快樂，不與五家共諸財寶。復遇可意、成調善法、具戒富德、真實福田為善知識，依彼修學離不與取，能斷一切惡不善法，能成一切殊勝善法，能求一切大乘法義，能修一切菩薩願行，漸次趣入深廣智海乃至證得無上菩提。所居佛土眾寶莊嚴，寶樹、寶池、寶臺殿等無不充備，離我、我所無所攝受，一切具足嚴飾有情來生其國，如來自身壽命無量，為諸有情如應說法，般涅槃後正法久住，利益安樂無量有情。

「善男子！是名菩薩摩訶薩第二遠離不與取輪。菩薩摩訶薩成就此輪故，於聲聞乘得無誤失，於聲聞乘補特伽羅得無誤失，於獨覺乘得無誤失，於獨覺乘補特伽羅得無誤失，於其大乘得無誤失，於其大乘補特伽羅得無誤失，常能熾然三寶種姓，於諸如來出家弟子若是法器、若非法器，下至一切被片袈裟剃鬚髮者得無誤失，於大乘法常得昇進，無有退轉，利慧勝福常得增長，於一切定、諸陀羅尼、諸忍、諸地速得自在，無有退轉，常得值遇諸善知識隨順而行，常得不離見一切佛及諸菩薩、聲聞弟子，不離聞法，不離親近供養衆僧，於諸善根常精進求心無厭足，常於菩提種種行願心無厭足，所得果報廣說如前。

「復次，善男子！若菩薩摩訶薩能盡形壽離欲邪行，即是施與欲流所漂一切衆生無驚無怖、無嫉無害、無有熱惱、亦無擾動，於己妻室喜足而住，終不希求非法色欲，由此善根速得成熟。所有前際輪轉五趣沒生死河，因欲邪行造身語意諸惡業障、諸煩惱障、諸有情障、一切法障、諸室家障，自作教他，見聞隨喜，由此遠離欲邪行輪，皆悉輾壞摧滅無餘，不受果報。於現身中諸人天等皆共親愛，無所猜慮，身心安樂，妻室貞良。將命終時，身心不為憂苦逼切，所愛妻子眷屬圍遶。臨命終時，不見可怖剡魔王使，唯見可意、成調善法、具戒富德、真實福田為善知識，身心歡悅，深生敬信。既命終已，還生人中，諸根圓滿，支體具足，隨所生處具諸眷屬，端正聰明，安隱快樂。復遇可意、成調善法、具戒富德、真實福田為善知識，依彼修學離欲邪行，能斷一切惡不善法，能成一切殊勝善法，能求一切大乘法義，能修一切菩薩願行，漸次趣入深廣智海乃至證得無上菩提。所居佛土無諸女人，離諸婬欲具足第一梵行有情來生其國，一切有情皆受化生，不處胞胎臭穢不淨，如來自身壽命無量，為諸有情如應說法，般涅槃後正法久住，利益安樂無量有情。

「善男子！是名菩薩摩訶薩第三遠離欲邪行輪。菩薩摩訶薩成就此輪故，於聲聞乘得無誤失，於聲聞乘補特伽羅得無誤失，於獨覺乘得無誤失，於獨覺乘補特伽羅得無誤失，於其大乘得無誤失，於其大乘補特伽羅得無誤失，常能熾然三寶種姓，於諸如來出家弟子若是法器、若非法器，下至一切被片袈裟剃鬚髮者得無誤失，於大乘法常得昇進，無有退轉，利慧勝福常得增長，於一切定、諸陀羅尼、諸忍、諸地速得自在，無有退轉，常得值遇諸善知識隨順而行，常得不離見一切佛及諸菩薩、聲聞弟子，不離聞法，不離親近供養眾僧，於諸善根常精進求心無厭足，常於菩提種種行願心無厭足，所得果報廣說如前。

「復次，善男子！若菩薩摩訶薩能盡形壽離虛誑語，一切眾生常共愛敬，所出言詞皆誠諦量，聞悉敬奉，無所猜疑，由此善根速得成熟。所有前際輪轉五趣沒生死河，因虛誑語造身語意諸惡業障、諸煩惱障、諸有情障、一切法障、諸信言障，自作教他，見聞隨喜，由此遠離虛誑語輪，皆悉輾壞摧滅無餘，不受果報。於現身中諸人天等皆共親愛，無所猜慮，身心安樂，所出言詞他皆信奉。將命終時，身心不為憂苦逼切，所愛妻子眷屬圍遶。臨命終時，不見可怖剡魔王使，唯見可意、成調善法、具戒富德、真實福田為善知識，身心歡悅，深生敬信。既命終已，還生人中，諸根圓滿，支體具足，隨所生處所言誠諦，端正聰明，安隱快樂。復遇可意、成調善法、具戒富德、真實福田為善知識，依彼修學離虛誑語，能斷一切惡不善法，能成一切殊勝善法，能求一切大乘法義，能修一切菩薩願行，漸次趣入深廣智海乃至證得無上菩提。所居佛土一切真實離諸虛偽，妙香潔物之所莊嚴，無諂無誑、心行正*直、希求純淨善法有情來生其國，香潔妙服寶飾莊嚴，如來自身壽命無量，為諸有情如應說法，般涅槃後正法久住，利益安樂無量有情。

「善男子！是名菩薩摩訶薩第四遠離虛誑語輪。菩薩摩訶薩成就此輪故，於聲聞乘得無誤失，於聲聞乘補特伽羅得無誤失，於獨覺乘得無誤失，於獨覺乘補特伽羅得無誤失，於其大乘得無誤失，於其大乘補特伽羅得無誤失，常能熾然三寶種姓，於諸如來出家弟子若是法器、若非法器，下至一切被片袈裟剃鬚髮者得無誤失，於大乘法常得昇進，無有退轉，利慧勝福常得增長，於一切定、諸陀羅尼、諸忍、諸地速得自在，無有退轉，常得值遇諸善知識隨順而行，常得不離見一切佛及諸菩薩、聲聞弟子，不離聞法，不離親近供養衆僧，於諸善根常精進求心無厭足，常於菩提種種行願心無厭足，所得果報廣說如前。

「復次，善男子！若菩薩摩訶薩能盡形壽離離間語，一切衆生常共愛敬，所發言詞皆令和順，聞悉敬奉，無所猜疑，由此善根速得成熟。所有前際輪轉五趣沒生死河，因離間語造身語意諸惡業障、諸煩惱障、諸有情障、一切法障、諸和敬障，自作教他，見聞隨喜，由此遠離離間語輪，皆悉輾壞摧滅無餘，不受果報。於現身中諸人天等皆共親愛，無所猜慮，身心安樂，所發言詞皆令和順。將命終時，身心不為憂苦逼切，所愛妻子眷屬圍遶。臨命終時，不見可怖剡魔王使，唯見可意、成調善法、具戒富德、真實福田為善知識，身心歡悅，深生敬信。既命終已，還生人中，諸根圓滿，支體具足，隨所生處所言和順，端正聰明，安隱快樂。復遇可意、成調善法、具戒富德、真實福田為善知識，依彼修學離離間語，能斷一切惡不善法，能成一切殊勝善法，能求一切大乘法義，能修一切菩薩願行，漸次趣入深廣智海乃至證得無上菩提。所居佛土一切堅密難可破壞，諸美妙物之所莊嚴，無違無競、善和諍訟、希求淳質善法有情來生其國，常修和敬，聽聞正法，如來自身壽命無量，為諸有情如應說法，般涅槃後正法久住，利益安樂無量有情。

「善男子！是名菩薩摩訶薩第五遠離離間語輪。菩薩摩訶薩成就此輪故，於聲聞乘得無誤失，於聲聞乘補特伽羅得無誤失，於獨覺乘得無誤失，於獨覺乘補特伽羅得無誤失，於其大乘得無誤失，於其大乘補特伽羅得無誤失，常能熾然三寶種姓，於諸如來出家弟子若是法器、若非法器，下至一切被片袈裟剃鬚髮者得無誤失，於大乘法常得昇進，無有退轉，利慧勝福常得增長，於一切定、諸陀羅尼、諸忍、諸地速得自在，無有退轉，常得值遇諸善知識隨順而行，常得不離見一切佛及諸菩薩、聲聞弟子，不離聞法，不離親近供養衆僧，於諸善根常精進求心無厭足，常於菩提種種行願心無厭足，所得果報廣說如前。

「復次，善男子！若菩薩摩訶薩能盡形壽離麁惡語，一切衆生常共愛敬，所發語言皆令歡悅，聞悉敬奉，無所猜疑，由此善根速得成熟。所有前際輪轉五趣沒生死河，因麁惡語造身語意諸惡業障、諸煩惱障、諸有情障、一切法障、諸調善障，自作教他，見聞隨喜，由此遠離麁惡語輪，皆悉輾壞摧滅無餘，不受果報。於現身中諸人天等皆共親愛，無所猜慮，身心安樂，所出言詞皆令歡悅。將命終時，身心不為憂苦逼切，所愛妻子眷屬圍遶。臨命終時，不見可怖剡魔王使，唯見可意、成調善法、具戒富德、真實福田為善知識，身心歡悅，深生敬信。既命終已，還生人中，諸根圓滿，支體具足，隨所生處所言柔軟，端正聰明，安隱快樂。復遇可意、成調善法、具戒富德、真實福田為善知識，依彼修學離麁惡語，能斷一切惡不善法，能成一切殊勝善法，能求一切大乘法義，能修一切菩薩願行，漸次趣入深廣智海乃至證得無上菩提。所居佛土遠離一切不可意聲，種種上妙如意和雅諸*音樂聲、結集法聲充滿其土，具足念慧、梵音清徹、調善有情來生其國，常以軟語更相勸進，如來自身壽命無量，為諸有情如應說法，般涅槃後正法久住，利益安樂無量有情。

「善男子！是名菩薩摩訶薩第六遠離麁惡語輪。菩薩摩訶薩成就此輪故，於聲聞乘得無誤失，於聲聞乘補特伽羅得無誤失，於獨覺乘得無誤失，於獨覺乘補特伽羅得無誤失，於其大乘得無誤失，於其大乘補特伽羅得無誤失，常能熾然三寶種姓，於諸如來出家弟子若是法器、若非法器，下至一切被片袈裟剃鬚髮者得無誤失，於大乘法常得昇進，無有退轉，利慧勝福常得增長，於一切定、諸陀羅尼、諸忍、諸地速得自在，無有退轉，常得值遇諸善知識隨順而行，常得不離見一切佛及諸菩薩、聲聞弟子，不離聞法，不離親近供養眾僧，於諸善根常精進求心無厭足，常於菩提種種行願心無厭足，所得果報廣說如前。

「復次，善男子！若菩薩摩訶薩能盡形壽離雜穢語，一切衆生常共愛敬，所發言詞皆有義利，聞悉敬奉，無所猜疑，由此善根速得成熟。所有前際輪轉五趣沒生死河，因雜穢語造身語意諸惡業障、諸煩惱障、諸有情障、一切法障、諸義利障，自作教他，見聞隨喜，由此遠離雜穢語輪，皆悉輾壞摧滅無餘，不受果報。於現身中諸人天等皆共親愛，無所猜慮，身心安樂，所發言詞皆成義利。將命終時，身心不為憂苦逼切，所愛妻子眷屬圍遶。臨命終時，不見可怖匆魔王使，唯見可意、成調善法、具戒富德、真實福田為善知識，身心歡悅，深生敬信。既命終已，還生人中，諸根圓滿，支體具足，隨所生處，言必饒益，端正聰明，安隱快樂。復遇可意、成調善法、具戒富德、真實福田為善知識，依彼修學離雜穢語，能斷一切惡不善法，能成一切殊勝善法，能求一切大乘法義，能修一切菩薩願行，漸次趣入深廣智海乃至證得無上菩提。所居佛土遠離一切無義利聲，種種上妙菩薩藏攝大法音聲周遍國土，成就無邊大願妙智、能善辯說種種法義，如是有情來生其國，如來自身壽命無量，為諸有情如應說法，般涅槃後正法久住，利益安樂無量有情。

「善男子！是名菩薩摩訶薩第七遠離雜穢語輪。菩薩摩訶薩成就此輪故，於聲聞乘得無誤失，於聲聞乘補特伽羅得無誤失，於獨覺乘得無誤失，於獨覺乘補特伽羅得無誤失，於其大乘得無誤失，於其大乘補特伽羅得無誤失，常能熾然三寶種姓，於諸如來出家弟子若是法器、若非法器，下至一切被片袈裟剃鬚髮者得無誤失，於大乘法常得昇進，無有退轉，利慧勝福常得增長，於一切定、諸陀羅尼、諸忍、諸地速得自在，無有退轉，常得值遇諸善知識隨順而行，常得不離見一切佛及諸菩薩、聲聞弟子，不離聞法，不離親近供養眾僧，於諸善根常精進求心無厭足，常於菩提種種行願心無厭足，所得果報廣說如前。

「復次，善男子！若菩薩摩訶薩能盡形壽遠離貪欲，一切眾生常所愛重，其心清淨離諸染濁，由此善根速得成熟。所有前際輪轉五趣沒生死河，因貪欲故造身語意諸惡業障、諸煩惱障、諸有情障、一切法障、諸無貪障，自作教他，見聞隨喜，由此遠離貪欲輪故，皆悉輾壞摧滅無餘，不受果報。於現身中諸人天等皆共親愛，無所猜慮，身心安樂，其心清淨離諸染濁。將命終時，身心不為憂苦逼切，所愛妻子眷屬圍遶。臨命終時不見可怖剡魔王使，唯見可意、成調善法、具戒富德、真實福田為善知識，身心歡悅，深生敬信。既命終已，還生人中，諸根圓滿，支體具足，隨所生處，其心清淨離諸染濁，端正聰明，安隱快樂。復遇可意、成調善法、具戒富德、真實福田為善知識，依彼修學離貪欲法，能斷一切惡不善法，能成一切殊勝善法，能求一切大乘法義，能修一切菩薩願行，漸次趣入深廣智海乃至證得無上菩提。所居佛土地平如掌，眾寶充滿，種種寶樹行列莊嚴，種種寶衣、寶莊嚴具、寶幢幡蓋、金銀真珠羅網等樹處處皆有，甚可愛樂，遠離憍慢、顏貌端嚴、諸根無缺、其心平等，如是有情來生其國，無貪功德圓滿莊嚴，如來自身壽命無量，為諸有情如應說法，般涅槃後正法久住利益安樂，無量有情。

「善男子！是名菩薩摩訶薩第八遠離貪欲輪也。菩薩摩訶薩成就此輪故，於聲聞乘得無誤失，於聲聞乘補特伽羅得無誤失，於獨覺乘得無誤失，於獨覺乘補特伽羅得無誤失，於其大乘得無誤失，於其大乘補特伽羅得無誤失，常能熾然三寶種姓，於諸如來出家弟子若是法器、若非法器，下至一切被片袈裟剃鬚髮者得無誤失，於大乘法常得昇進，無有退轉，利慧勝福常得增長，於一切定、諸陀羅尼、諸忍、諸地速得自在，無有退轉，常得值遇諸善知識隨順而行，常得不離見一切佛及諸菩薩、聲聞弟子，不離聞法，不離親近供養衆僧，於諸善根常精進求心無厭足，常於菩提種種行願心無厭足，所得果報廣說如前。

大乘大集地藏十輪經卷第八

大乘大集地藏十輪經卷第九

三藏法師玄奘奉　詔譯

善業道品第六之二

「復次，善男子！若菩薩摩訶薩能盡形壽遠離瞋恚，一切眾生常所愛重，其心清淨，離諸垢穢，由此善根速得成熟。所有前際輪轉五趣沒生死河，因瞋恚故造身語意諸惡業障、諸煩惱障、諸有情障、一切法障、諸無明障，自作教他，見聞隨喜，由此遠離瞋恚輪故，皆悉輾壞摧滅無餘，不受果報。於現身中諸人天等皆共親愛，無所猜慮，其心清淨離諸垢穢。將命終時，身心不為憂苦逼切，所愛妻子眷屬圍遶。臨命終時，不見可怖剡魔王使，唯見可意、成調善法、具戒富德、真實福田為善知識，身心歡悅，深生敬信。既命終已，還生人中，諸根圓滿，支體具足，隨所生處，其心清淨離諸垢穢，端正聰明，安隱快樂。復遇可意、成調善法、具戒富德、真實福田為善知識，依彼修學離瞋恚法，能斷一切惡不善法，能成一切殊勝善法，能求一切大乘法義，能修一切菩薩願行，漸次趣入深廣智海乃至證得無上菩提。所居佛土遠離一切濁穢風雲、欝烝塵垢、諸麁弊物，衆寶莊嚴甚可愛樂，遠離憍慢、顏貌端嚴、諸根無缺、心常寂定，如是有情來生其國，慈悲功德圓滿莊嚴，如來自身壽命無量，為諸有情如應說法，般涅槃後正法久住，利益安樂無量有情。

「善男子！是名菩薩摩訶薩第九遠離瞋恚輪也。菩薩摩訶薩成就此輪故，於聲聞乘得無誤失，於聲聞乘補特伽羅得無誤失，於獨覺乘得無誤失，於獨覺乘補特伽羅得無誤失，於其大乘得無誤失，於其大乘補特伽羅得無誤失，常能熾然三寶種姓，於諸如來出家弟子若是法器、若非法器，下至一切被片袈裟剃*鬚髮者得無誤失，於大乘法常得昇進，無有退轉，利慧勝福常得增長，於一切定、諸陀羅尼、諸忍、諸地速得自在，無有退轉，常得值遇諸善知識隨順而行，常得不離見一切佛及諸菩薩、聲聞弟子，不離聞法，不離親近供養衆僧，於諸善根常精進求心無厭足，常於菩提種種行願心無厭足，所得果報廣說如前。

「復次，善男子！若菩薩摩訶薩能盡形壽遠離邪見，一切衆生常所愛重，其心清淨，離邪分別，由此善根速得成熟。所有前際輪轉五趣沒生死河，因邪見故造身語意諸惡業障、諸煩惱障、諸有情障、一切法障、諸正見障，自作教他，見聞隨喜，由此遠離邪見輪故，皆悉輾壞摧滅無餘，不受果報。於現身中諸人天等皆共親愛，無所猜慮，身心安樂，其心清淨，離邪分別。將命終時，身心不為憂苦逼切，所愛妻子眷屬圍遶。臨命終時，不見可怖剡魔王使，唯見可意、成調善法、具戒富德、真實福田為善知識，身心歡悅，深生敬信。既命終已，還生人中，諸根圓滿，支體具足，隨所生處，其心清淨離邪分別，端正聰明，安隱快樂。復遇可意、成調善法、具戒富德、真實福田為善知識，依彼修學離邪見法，能斷一切惡不善法，能成一切殊勝善法，能求一切大乘法義，能修一切菩薩願行，漸次趣入大乘大海乃至證得無上菩提。所居佛土遠離一切聲聞、獨覺二乘人法，遠離一切天魔徒眾，遠離一切外道朋黨，眾寶莊嚴甚可愛樂，遠離一切妄執吉凶、常見斷見、我我所見，如是有情來生其國，壽命長遠，受用一味，謂大乘味，如來自身壽命無量，為諸有情如應說法，般涅槃後正法久住，利益安樂無量有情，聖教一味無有乖諍，熾盛流通離諸障難。

「善男子！是名菩薩摩訶薩第十遠離邪見輪也。菩薩摩訶薩成就此輪故，於聲聞乘得無誤失，於聲聞乘補特伽羅得無誤失，於獨覺乘得無誤失，於獨覺乘補特伽羅得無誤失，於其大乘得無誤失，於其大乘補特伽羅得無誤失，常能熾然三寶種姓，於諸如來出家弟子若是法器、若非法器，下至一切被片袈裟剃鬚髮者得無誤失，於大乘法常得昇進，無有退轉，利慧勝福常得增長，於一切定、諸陀羅尼、諸忍、諸地速得自在，無有退轉，常得值遇諸善知識隨順而行，常得不離見一切佛及諸菩薩、聲聞弟子，不離聞法，不離親近供養眾僧，於諸善根常精進求心無厭足，常於菩提種種行願、六波羅蜜多心無厭足，所得果報廣說如前。

「善男子！若菩薩摩訶薩成就如是十輪，能速證得阿耨多羅三藐三菩提。所以者何？於過去世一切如來、應、正等覺皆悉遠離十惡業道，皆悉稱揚讚歎如是十善業道所得果報，為欲長養一切眾生利益安樂菩提道故，為欲除滅一切眾生業煩惱苦令無餘故，為欲枯竭三惡趣故，為欲紹隆三寶種故，為欲斷除三界有故，為欲永斷蘊、界、處故，為令一切速入無畏涅槃城故，廣說如前遠離十種不善業道所得果報。是故，善男子！若不真實希求如是十善業道所證佛果，及不真實下至守護一善業道，乃至命終而自稱言：『我是真實行大乘者，我求無上正等菩提。』當知如是補特伽羅是極虛詐，是大妄語，對十方界佛世尊前誑惑世間，無慚無愧，說空斷見，誘誑愚癡，身壞命終墮諸惡趣。

「善男子！若但言說及但聽聞，不由修行十善業道，能得菩提般涅槃者，於一劫中或一念頃，可令十方一切佛土地界微塵算數眾生，皆登正覺入般涅槃，然無是事。所以者何？十善業道是大乘本，是菩提因，是證涅槃堅固梯蹬。善男子！若但發心發誓願力，不由修行十善業道，能得菩提般涅槃者，於一劫中或一念頃，可令十方一切佛土地界微塵算數眾生，皆登正覺入般涅槃，然無是事。所以者何？十善業道是世出世殊勝果報功德根本。善男子！若不修行十善業道，設經十方一切佛土微塵數劫，自號大乘，或說或聽，或但發心，或發誓願，終不能證菩提涅槃，亦不令他脫生死苦。

「善男子！要由修行十善業道，世間方有諸剎帝利、婆羅門等大富貴族、四大王天，乃至非想非非想處，或聲聞乘，或獨覺乘乃至無上正等菩提，皆由修行十善業道品類差別。是故，善男子！若欲速滿無上正等菩提願者，當修如是十善業道以自莊嚴，非住十惡不律儀者能滿如是無上正等菩提大願。若求速悟大乘境界，速證無上正等菩提，速滿一切善法願者，先應護持十善業道。所以者何？十善業道是能安立一切善法功德根本，是世出世勝果報因，是故應修十善業道。」

爾時，世尊重顯此義而說頌曰：

欲除諸有苦，　證得大菩提，　應修十善輪，　精勤勿放逸。
便於三乘法，　及補特伽羅，　一切出家人，　皆得無誤失。

信受行大乘，利樂一切衆，覺勝法淨土，速證大菩提。
若離於殺生，一切皆愛敬，恒無病長壽，常樂不害法；
一切所生處，恒樂佛所行，常遇佛法僧，速成無上覺。
若離不與取，智者皆愛敬，滅貪所生業，獲無貪所生；
生生常巨富，能為大施主，得衆寶莊嚴，可愛淨佛國。
若離欲邪行，滅臭穢煩惱，枯竭貪愛河，速得淨佛國；
拔諸衆生類，令出欲淤泥，安置於大乘，使勤修梵行。
若離虛誑語，得聖自在智，常樂諦實言，滅虛妄衆苦；
一言為證量，常遇佛法僧，速得大菩提，勸修不妄語。
若離離間語，成衆善法器，常遇佛法僧，不歸於斷滅；
得聖無染著，陀羅尼寶藏，達深法海源，速成無上覺。
若離麁惡語，常說柔軟言，衆生皆愛敬，滅先世罪業；
令衆常歡悅，成菩薩導師，知諸佛所行，超過第十地。

若離雜穢語，智者皆愛敬，為他所發言，具獲五功德；
常聽受聖言，恒欣求聖道，圓滿諸佛海，速得一切智。
若離於貪欲，不誹謗聖教，供養服袈裟，弘三乘聖道；
當生淨佛國，導師之所居，乘於無上乘，速得最勝智。
若離於瞋恚，一向修慈心，速疾證等持，樂衆聖行處；
當生淨佛土，遠離諸過惡，住彼證菩提，令離諸瞋忿。
若離於邪見，純修淨信心，樂開示三乘，亦供養諸佛；
永脫諸惡趣，遇衆賢聖者，具諸菩薩德，逮得最上智。
我說十善業，能趣勝菩提，生長諸等持，陀羅尼忍地；
此輪大威德，能摧諸惡趣，破壞諸惡障，速證大菩提。

大乘大集地藏十輪經福田相品第七之一

「復次，善男子！菩薩摩訶薩有十財施大甲冑輪，若菩薩摩訶薩成就此輪，從初發心，一切五欲皆能除斷，超勝一切聲聞、獨覺，普為一切聲聞、獨覺作大福田，一切聲聞、獨覺乘等皆應供養承事守護。何等為十？所謂布施種種飲食、衣服、寶飾、象馬車乘，及以自身手足、耳鼻、頭目、髓腦、皮骨、血肉、國城、妻子、奴婢、田宅，如是一一行布施時，不顧身命，不專為己求於世間、出世間樂發心布施，但欲普為一切有情生長大慈、大悲芽故發心布施，為欲引發善巧方便殊勝智故發心布施，為欲引發一切有情安樂事故發心布施，為欲除滅一切有情苦惱事故發心布施，無勝他心、無麁獷心、無嫉妒心、無慳悋心而行布施，於所施物若多、若少下至一食，終不希求自受果報發心布施，終不希求聲聞乘果發心布施，終不希求獨覺乘果發心布施，於所施物若多、若少下至一食，但為希求一切種智發心布施。

「善男子！菩薩摩訶薩成就如是十種財施大甲冑輪，從初發心，一切五欲皆能除斷，超勝一切聲聞、獨覺，普為一切聲聞、獨覺作大福田，一切聲聞、獨覺乘等皆應供養承事守護。所以者何？聲聞、獨覺發心布施無大慈悲，但為己身捨貧窮故，但為己身脫衆苦故，但為己身得安樂故，但為己身證涅槃故，不能普為一切有情而行布施。菩薩摩訶薩發心布施有大慈悲，普為有情捨貧窮故，普為有情脫衆苦故，普為有情得安樂故，普為有情證涅槃故，不為自身而行布施。以是義故，超勝一切聲聞、獨覺，普為一切聲聞、獨覺作大福田，一切聲聞、獨覺乘等皆應供養承事守護。菩薩摩訶薩修行財施波羅蜜多時，於妙五欲心無染著，自所攝受一切樂具，普能施與一切有情，依普攝受諸有情心，依自忍受一切苦心，依滅一切有情苦心，依與一切有情樂心，依與有情大涅槃心而行布施。以是義故，超勝一切聲聞、獨覺，普為一切聲聞、獨覺作大福田，一切聲聞、獨覺乘等皆應供養承事守護。

「善男子！若於五欲心無染著，具大慈悲而行布施，是名菩薩摩訶薩也，亦名一切聲聞、獨覺真實福田。若不除斷世間五欲，無大慈悲而行布施，雖捨無量無邊施物，而猶不得名為菩薩摩訶薩也，亦非一切聲聞、獨覺真實福田。此施不蒙聖印所印，是故應斷世間五欲，具大慈悲而行布施；若不斷於世間五欲，無大慈悲而行布施，不名菩薩，非真福田。善男子！染著五欲行布施輪，尚不能滅自身所有少分苦惱，況能除滅一切有情無量苦惱！」

爾時，世尊重顯此義而說頌曰：

成就財施輪，　智者淨意樂，　盡離於五欲，　安樂諸有情。
為樂諸有情，　不求自果報，　雖行少分施，　而名真福田。
雖復施衆多，　而依止五欲，　非聖印所印，　住不定聚中。
雖行少分施，　而不依五欲，　名聲聞獨覺，　真實良福田。
故應捨五欲，　常行清淨施，　安樂有情衆，　成真實福田。

「復次，善男子！菩薩摩訶薩有十法施大甲冑輪，若菩薩摩訶薩成就此輪，從初發心，一切五欲皆能除斷，速能獲得日燈光定，超勝一切聲聞、獨覺，普為一切聲聞、獨覺作大福田，一切聲聞、獨覺乘等皆應供養承事守護。何等為十？謂諸如來所說正法，或聲聞乘相應正法，或獨覺乘相應正法，或與大乘相應正法，或世間法，或出世間法，或有漏法，或無漏法，或有為法，或無為法，或不二法，菩薩摩訶薩於此十法深信敬重一切聽聞，隨力所能，審諦領受，思惟觀察，究竟通利，隨其所宜為他演說。於說法時，無嫉妒心、無慳悋心、無憍慢心、無求利心、無輕他心、無自舉心，有恭敬心、有饒益心、有大慈心、有大悲心。為聲聞乘補特伽羅說聲聞法，不為彼說獨覺乘法及大乘法；為獨覺乘補特伽羅說獨覺法，不為彼說聲聞乘法及大乘法；為於大乘補特伽羅說大乘法，不為彼說聲聞乘法、獨覺乘法；隨諸有情根器所能為說正法，非根器者終不為說。於其大乘諸有情所，終不勸修獨覺乘行、聲聞乘行；於獨覺乘諸有情所，或時勸彼修大乘行；於聲聞乘諸有情所，或時勸修獨覺乘行及大乘行。於諸如來所說正法下至一頌乃至半句，深信敬重，終不毀謗障蔽隱沒。於說法師起世尊想，於聽法衆起病者想，於所說法起良藥想，斷除五欲無所希求宣說正法。善男子！是名菩薩摩訶薩十種法施大甲冑輪。若菩薩摩訶薩成就此輪，能斷五欲，速能獲得日燈光定，超勝一切聲聞、獨覺，普為一切聲聞、獨覺作大福田，一切聲聞、獨覺乘等皆應供養承事守護。」

爾時，世尊重顯此義而說頌曰：

智者修法施，　隨器說三乘，　不為說餘乘，　恐聞而謗法。
稱根器說法，　不為非根器，　各隨其所樂，　勸進令歡喜。
終不勸大乘，　令修二乘行，　或時勸彼二，　進修中上乘。
常恭敬聽法，　深信不毀謗，　供養說法師，　如佛世尊想。
勸聞妙法藥，　令除煩惱病，　捨利養名譽，　而宣說正法。

「復次，善男子！菩薩摩訶薩復有淨戒大甲冑輪，若菩薩摩訶薩成就此輪，從初發心，一切五欲皆能除斷，超勝一切聲聞、獨覺，普為一切聲聞、獨覺作大福田，一切聲聞、獨覺乘等皆應供養承事守護。

「云何淨戒大甲冑輪？善男子！菩薩淨戒有二種相：一者、共，二者、不共。

「云何菩薩共淨戒輪？謂諸在家近事、近住所受律儀，或復出家及受具足別解脫戒，如是律儀、別解脫戒，是名菩薩共淨戒輪，共諸聲聞、獨覺乘等。菩薩不由此淨戒輪能除一切有情煩惱諸惡見趣，及能解脫業障生死，此不名為大甲冑輪，亦不由此名為菩薩摩訶薩也，及名一切聲聞、獨覺真實福田。

「云何菩薩不共淨戒大甲冑輪？謂諸菩薩普於十方一切有情起平等心、無擾動心、無怨恨心，護持淨戒；普於一切持戒犯戒、布施慳貪、慈悲忿恚、精進懈怠、下中上品諸有情所，無差別心，無差別想，護持淨戒；普於三界一切有情無恚無忿及諸惡行，護持淨戒；普於三有蘊、界、處中無所分別，護持淨戒；不依欲界護持淨戒，不依色界護持淨戒，不依無色界護持淨戒，不觀諸有一切果報護持淨戒，不依一切得與不得護持淨戒，不依諸行護持淨戒，是名菩薩不共淨戒大甲冑輪。善男子！若菩薩摩訶薩成此淨戒大甲冑輪，從初發心，一切五欲皆能除斷，得名菩薩摩訶薩也。超勝一切聲聞、獨覺，普為一切聲聞、獨覺作大福田，一切聲聞、獨覺乘等皆應供養承事守護。」

爾時，世尊重顯此義而說頌曰：

住在家律義，　出家解脫戒，　與二乘等共，　不名摩訶薩。
智者修空法，　不依諸世間，　亦不依諸有，　護持清淨戒。

離取相尸羅，　無染無諸漏，　護持如是戒，　名真實福田。

「復次，善男子！菩薩摩訶薩復有安忍大甲冑輪，若菩薩摩訶薩成就此輪，從初發心，一切五欲皆能除斷，超勝一切聲聞、獨覺，普為一切聲聞、獨覺作大福田，一切聲聞、獨覺乘等皆應供養承事守護。

「云何安忍大甲冑輪？善男子！菩薩安忍有二種相：一者、世間，二者、出世間。

「云何菩薩世間安忍？謂有漏忍，緣諸有情有取、有相，依諸果報、依諸福業所發起忍，依自諸色、聲、香、味、觸所發起忍，有發趣忍、無堪能忍、力羸劣忍、棄眾生忍，有誑詐忍、矯悅他忍、不為利樂諸有情忍，是名菩薩世間安忍。如是安忍共諸聲聞、獨覺乘等，此不名為大甲冑輪，亦不由此名為菩薩摩訶薩也，及名一切聲聞、獨覺真實福田。

「云何菩薩出世安忍大甲冑輪？謂無漏忍，一切賢聖大法光明普為利樂一切有情無染著忍，永斷一切所作事業、語言因相、文字音聲行依處安忍。修此忍故，能斷一切三結、三受、三相、三世、三有、三行、三不善根、四種瀑流、四扼、四取、四種身繫。修此忍時心意寂靜，是名菩薩出世安忍大甲冑輪。善男子！若菩薩摩訶薩成此安忍大甲冑輪，從初發心，一切五欲皆能除斷，得名菩薩摩訶薩也。超勝一切聲聞、獨覺，普為一切聲聞、獨覺作大福田，一切聲聞、獨覺乘等皆應供養承事守護。」

爾時，世尊重顯此義而說頌曰：

安忍說二種，　謂有相無相，　有相忍有著，　智者不稱譽。
修忍依三行，　依蘊界處等，　是名有漏忍，　非摩訶薩相。
為滅四顛倒，　修無染著忍，　寂靜三行等，　此忍可稱譽。
能寂靜諸行，　離一切分別，　心平等如空，　此忍可稱譽。
諸法同一趣，　空無相寂滅，　心無所住著，　此忍成大利。

「復次，善男子！菩薩摩訶薩復有精進大甲冑輪，若菩薩摩訶薩成就此輪，從初發心一切五欲皆能除斷，超勝一切聲聞、獨覺，普為一切聲聞、獨覺作大福田，一切聲聞、獨覺乘等皆應供養承事守護。

「云何精進大甲冑輪？善男子！菩薩精進有二種相：一者、世間，二者、出世間。

「云何菩薩世間精進？謂諸菩薩精進勇猛，勤修三種世福業事。何等為三？一者、施福業事，二者、戒福業事，三者、修福業事，修此即名三種精進。如是精進緣諸眾生有漏有取，依諸果報、依諸福業，是名菩薩世間精進。如是精進共諸聲聞、獨覺乘等，此不名為大甲冑輪，亦不由此名為菩薩摩訶薩也，及名一切聲聞獨覺真實福田。

「云何菩薩出世精進大甲冑輪？謂諸菩薩勇猛精進，於諸眾生其心平等，除滅一切煩惱業苦，如是精進一切賢聖共所稱譽，無漏無取，無所依止，普於一切精進懈怠、布施慳貪、持戒破戒、慈悲忿恚、下中上品諸眾生所，無差別心、無差別想，勇猛精進，普於三界一切眾生平等無二，為作事業、語言、思惟諸行依處無所住著勇猛精進，普於三有蘊、界、處中無所分別勇猛精進，不依欲界勇猛精進，不依色界勇猛精進，不依無色界勇猛精進，不觀諸有一切果報勇猛精進，不依一切得與不得勇猛精進，不依諸行勇猛精進，不依三種世福業事勇猛精進，具足出世三福業事勇猛精進，是名菩薩出世精進大甲冑輪。善男子！若菩薩摩訶薩成此精進大甲冑輪，從初發心，一切五欲皆能除斷，得名菩薩摩訶薩也。超勝一切聲聞、獨覺，普為一切聲聞、獨覺作大福田，一切聲聞、獨覺乘等皆應供養承事守護。」

爾時，世尊重顯此義而說頌曰：

於六根染著，　漂愚五瀑流，　雖勇猛精進，　智者皆厭毀。
緣衆生精進，　有漏及有取，　非真實福田，　不名摩訶薩。
智者勤精進，　遠離一切著，　心無所依止，　名真實福田。
不染著名色，　離蘊界處等，　為衆作歸依，　是名摩訶薩。
行世如水月，　修精進究竟，　此輪能永斷，　衆生煩惱縛。

「復次，善男子！菩薩摩訶薩復有靜慮大甲冑輪，若菩薩摩訶薩成就此輪，從初發心，一切五欲皆能除斷，超勝一切聲聞、獨覺，普為一切聲聞、獨覺作大福田，一切聲聞、獨覺乘等皆應供養承事守護。

「云何靜慮大甲冑輪？善男子！菩薩靜慮有二種相：一者、世間，二者、出世間。

「云何菩薩世間靜慮？謂諸菩薩依著諸蘊修習靜慮，依著諸界修習靜慮，依著諸處修習靜慮；依著欲界修習靜慮，依著色界修習靜慮，依著無色界修習靜慮；依著三律儀修習靜慮，依著三解脫修習靜慮；依著四念住修習靜慮，依著四正斷修習靜慮，依著四神足修習靜慮，依著五根修習靜慮，依著五力修習靜慮，依著七等覺支修習靜慮，依著八聖道支修習靜慮；依著地界修習靜慮，依著水界修習靜慮，依著火界修習靜慮，依著風界修習靜慮，依著空界修習靜慮，依著識界修習靜慮；依著樂受修習靜慮，依著苦受修習靜慮，依著不苦不樂受修習靜慮；依著虛空無邊處修習靜慮，依著識無邊處修習靜慮，依著無所有處修習靜慮，依著非想非非想處修習靜慮；依著此世修習靜慮，依著他世修習靜慮；依著小想修習靜慮，依著大想修習靜慮，依著無量想修習靜慮。如是靜慮有漏有取，有所依著，是名菩薩世間靜慮。如是靜慮共諸聲聞、獨覺乘等，此不名為大甲冑輪，亦不由此名為菩薩摩訶薩也，及名一切聲聞、獨覺真實福田。

「云何菩薩出世靜慮？謂諸菩薩遠離諸蘊修習靜慮，遠離諸界修習靜慮，遠離諸處修習靜慮；遠離欲界修習靜慮，遠離色界修習靜慮，遠離無色界修習靜慮；遠離三律儀修習靜慮，遠離三解脫修習靜慮；遠離四念住修習靜慮，遠離四正斷修習靜慮，遠離四神足修習靜慮，遠離五根修習靜慮，遠離五力修習靜慮，遠離七等覺支修習靜慮，遠離八聖道支修習靜慮；遠離地界修習靜慮，遠離水界修習靜慮，遠離火界修習靜慮，遠離風界修習靜慮，遠離空界修習靜慮，遠離識界修習靜慮；遠離樂受修習靜慮，遠離苦受修習靜慮，遠離不苦不樂受修習靜慮；遠離虛空無邊處修習靜慮，遠離識無邊處修習靜慮，遠離無所有處修習靜慮，遠離非想非非想處修習靜慮；遠離此世修習靜慮，遠離他世修習靜慮；遠離小想修習靜慮，遠離大想修習靜慮，遠離無量想修習靜慮。如是靜慮能發賢聖廣大光明，無漏無取，無所依著，是名菩薩出世靜慮大甲冑輪。善男子！若菩薩摩訶薩成此靜慮大甲冑輪，從初發心，一切五欲皆能除斷，得名菩薩摩訶薩也。超勝一切聲聞、獨覺，普為一切聲聞、獨覺作大福田，一切聲聞、獨覺乘等皆應供養承事守護。」

爾時，世尊重顯此義而說頌曰：

為捨己重擔，　修有所得定，　求斷自煩惱，　非真智者相。
依器有所觀，　求解脫修定，　取著此彼岸，　非利樂有情。
為利樂有情，　修定捨重擔，　滅一切煩惱，　是真智者相。
為潤諸有情，　修無依著定，　永斷諸有愛，　是名大慧者。
為解諸有縛，　令住無畏城，　修行寂止定，　是名摩訶薩。

大乘大集地藏十輪經卷第九

大乘大集地藏十輪經卷第十

三藏法師玄奘奉　詔譯

福田相品第七之二

「復次，善男子！菩薩摩訶薩復有般若大甲冑輪，若菩薩摩訶薩成就此輪，從初發心，一切五欲皆能除斷，超勝一切聲聞、獨覺，普為一切聲聞、獨覺作大福田，一切聲聞、獨覺乘等皆應供養承事守護。

「云何般若大甲冑輪？善男子！菩薩般若有二種相：一者、世間，二者、出世間。

「云何菩薩世間般若？謂諸菩薩唯依讀誦、書寫、聽聞、為他演說三乘正法，欲求除滅一切衆生無明黑暗，欲求發起一切衆生大慧光明。謂於如來所說種種與聲聞乘相應正法，精勤讀誦、聽聞、書寫、為他演說、勸正修行；或於如來所說種種與獨覺乘相應正法，精勤讀誦、聽聞、書寫、為他演說、勸正修行；或於如來所說種種與無上乘相應正法，精勤讀誦、聽聞、書寫、為他演說、勸正修行；不求賢聖無漏道支，不求聖道，不求聖道所攝解脫，不行寂靜真實般若，常行有見有相般若，如是般若有取有著，是名菩薩世間般若。如是般若共諸聲聞、獨覺乘等，此不名為大甲冑輪，亦不由此名為菩薩摩訶薩也，及名一切聲聞、獨覺真實福田。

「云何菩薩出世般若？謂諸菩薩精勤修習菩提道時，隨力讀誦、聽聞、書寫、為他演說三乘正法，而於其中依無所得方便而住，無所行動，無所思惟，無有根本，以如虛空心、普寂滅心、無增減慧無取著心、無生滅心、無退轉心、法平等心、真如心、實際心、法界心、無我心、無分別心、寂滅安忍離分別心，善巧安住無成壞地，善巧安住無住無著勝妙慧地，如是般若無取無著，是名菩薩出世般若大甲冑輪。善男子！若菩薩摩訶薩成此般若大甲冑輪，從初發心，一切五欲皆能除斷，得名菩薩摩訶薩也。超勝一切聲聞、獨覺，普為一切聲聞、獨覺作大福田，一切聲聞、獨覺乘等皆應供養承事守護。

「復次，善男子！菩薩摩訶薩復有善巧方便大甲冑輪，若菩薩摩訶薩成就此輪，從初發心，一切五欲皆能除斷，超勝一切聲聞、獨覺，普為一切聲聞、獨覺作大福田，一切聲聞、獨覺乘等皆應供養承事守護。

「云何名為善巧方便大甲冑輪？善男子！菩薩善巧方便有二種相：一者、世間，二者、出世間。

「云何名為菩薩世間善巧方便？謂諸菩薩或為自利、或為他利、或為俱利，常懷彼此示現種種工巧伎術，為自及他得成熟故，承事供養諸佛世尊、或諸菩薩、或諸獨覺、或諸聲聞、或母、或父、或諸病者、或諸羸劣無依怙者，若見厄難臨被害者，種種勤苦方便救濟，以四攝事成熟有情。是諸菩薩自住大乘，於諸聲聞及獨覺乘非大乘器，若諸聲聞及獨覺乘根未熟者，為說微妙甚深法教，令其修學，或勸勤修諸聖靜慮，或為開示最勝義諦，勸令修行超四顛倒，覺悟四種無墮法性，或令趣入四無礙解，或復乃至勸令安住四念住、四正斷、四神足、五根、五力、七等覺支、八聖道支、有餘、無餘道及道果，趣入巧智，令其成熟。若諸有情貪求名稱利養富貴，諸根躁擾善根未熟，勸令讀誦諸阿笈摩及毘奈耶、阿毘達磨，或勸讀誦除佛所說順解脫論令其成熟。若諸有情不樂布施，勸令惠捨種種珍財令其成熟。若諸有情暴惡不仁，勸令修學四種梵住。若諸有情心多忿恚，勸令修忍。若諸有情心多懈怠，勸修精進。若諸有情心多散亂，勸修靜慮。若諸有情具足惡慧，為說正法，調以記說教誡方便令其成熟。若諸有情不敬三寶，具無依行，勸受三歸，令敬三寶，或勸受學近事律*儀，或勸受學近住律儀令其成熟，或勸修習種種工巧伎術業處令其成熟。如是等菩薩摩訶薩，種種世間巧方便智過殑伽沙菩薩摩訶薩，以是一切書論工巧伎術業處，加行精進巧方便智，摧伏一切外道異學，如是名為菩薩世間善巧方便。此巧方便共諸聲聞、獨覺乘等，亦作一切佛法依因，亦是善巧諸行依處，亦是善巧任運無思滅退墮法。

「又，善男子！若諸菩薩不依明師、不依善友，修行世間善巧方便，是諸菩薩愚於世間善巧方便，向諸惡趣，不能隨順安住出世巧方便智，亦非一切真實福田，不能善巧知諸有情根行差別。以於善巧方便愚故，為諸聲聞及獨覺乘非大乘器，及於大乘根未熟者，宣說大乘令其修學；又為大乘法器有情宣說聲聞、獨覺乘法，令修聲聞、獨覺乘行；為獨覺乘法器有情說聲聞乘，令其修習聲聞乘行；為聲聞乘法器有情說生死法，令其愛著，不為宣說厭生死法。又於善巧方便愚故，若諸有情樂行殺生，廣說乃至執著邪見，為彼宣說甚深大乘，不為宣說生死流轉死此生彼眾苦果報，令其厭怖離諸惡法。又於善巧方便愚故，乃至若諸有情樂修淨戒令修布施；若諸有情樂修安忍，勸捨安忍令修淨戒；若諸有情樂修精進，勸捨精進令修安忍；若諸有情樂修靜慮，勸捨靜慮令修精進；若諸有情樂修般若，勸捨般若令修靜慮。如是菩薩愚於世間善巧方便，不能真實利樂有情，與諸有情為惡知識，此巧方便依有所得、有所執著，如是名為菩薩世間善巧方便。如是世間善巧方便共諸聲聞、獨覺乘等，此不名為大甲冑輪，亦不由此名為菩薩摩訶薩也，及名一切聲聞、獨覺真實福田。

「云何名為菩薩出世善巧方便？謂諸菩薩但為利他不為自利，示現種種工巧伎術，為成熟他，承事供養諸佛世尊、或諸菩薩、或諸獨覺、或諸聲聞、或母、或父、或諸病者、或諸羸劣無依怙者，若見厄難臨被害者，種種勤苦方便救濟，以四攝事成熟有情。隨其意樂，隨其根器，為諸有情宣說正法，又能漸次勸諸聲聞修獨覺乘，勸諸獨覺修習大乘；若於聲聞及獨覺乘根未熟者，為說厭離生死苦法，令其修學厭離生死欣求涅槃；若諸有情樂行殺生，廣說乃至樂著邪見，隨其根性，或為宣說生死流轉，死此生彼眾苦果報，令其厭怖離諸惡法；或為宣說與聲聞乘相應正法，或為宣說與獨覺乘相應正法，或為宣說無上乘中淺近之法令漸修學；若諸有情已樂布施，為說勝上受持淨戒令其修學，廣說乃至若諸有情已樂靜慮，為說勝上無漏聖道所攝般若令其修學，此巧方便依無所得、無所執著，如是名為菩薩出世善巧方便大甲冑輪。善男子！若菩薩摩訶薩成就如是善巧方便大甲冑輪，從初發心，一切五欲皆能除斷，得名菩薩摩訶薩也。超勝一切聲聞、獨覺，普為一切聲聞、獨覺作大福田，一切聲聞、獨覺乘等皆應供養承事守護。」

爾時，世尊欲重顯此義而說頌曰：

所修慧有二，　世間出世間，　取著名世間，　無取著出世。
修善巧方便，　依二種差別，　有所得世間，　無所得出世。
若唯說一乘，　是名惡說法，　不能自成熟，　亦不能度他。
一向惡衆生，　為說三乘教，　是則為愚癡，　不名摩訶薩。
有堪趣三乘，　欣求聞正法，　為說樂生死，　非為智者相。
專意諦思惟，　隨根欲教化，　此善巧方便，　智者所稱譽。
衆生雖有惡，　而堪入三乘，　隨根器教導，　令解脫衆惡。

「復次，善男子！菩薩摩訶薩復有大慈大甲冑輪，若菩薩摩訶薩成就此輪，從初發心，一切五欲皆能除斷，超勝一切聲聞、獨覺，普為一切聲聞、獨覺作大福田，一切聲聞、獨覺乘等皆應供養承事守護。

「云何大慈大甲冑輪？善男子！慈有二種，謂：法緣慈、有情緣慈。法緣慈者，名為大慈，名大甲冑；有情緣慈，不名大慈，非大甲冑。所以者何？有情緣慈共諸聲聞、獨覺乘等。聲聞、獨覺為自利樂，不為有情精勤修習有情緣慈；聲聞、獨覺為自寂靜、為自涅槃、為滅自惑、為滅自結，不為有情精勤修習有情緣慈。是故此慈不名大慈，非大甲冑。其法緣慈，不共聲聞、獨覺乘等，唯諸菩薩摩訶薩眾所能修行。菩薩摩訶薩普為利樂一切有情，精勤修習此法緣慈；菩薩摩訶薩普為一切有情寂靜及得涅槃滅煩惱結，精勤修習此法緣慈。是故此慈名為大慈，是大甲冑。又諸菩薩修法緣慈，不依諸蘊、不依諸處、不依諸界、不依念住乃至不依道支、不依欲界、不依色界、不依無色界、不依此世、不依他世、不依此岸、不依彼岸、不依得、不依不得，如是菩薩修法緣慈，超諸聲聞、獨覺乘地，是名菩薩法緣大慈大甲冑輪。善男子！若菩薩摩訶薩成此大慈大甲冑輪，從初發心，一切五欲皆能除斷，得名菩薩摩訶薩也。超勝一切聲聞、獨覺，普為一切聲聞、獨覺作大福田，一切聲聞、獨覺乘等皆應供養承事守護。」

爾時，世尊欲重顯此義而說頌曰：

聲聞及獨覺，修有情緣慈，心帶十三過，唯求自利樂。
菩薩大名稱，普為諸有情，修不共大慈，心離十三過。
心除十三垢，為趣大菩提，修法緣大慈，成福田非遠。
安住十三力，出過諸有情，猶如師子王，超勝諸禽獸。
降伏十三怨，離斷常邊執，心無有染濁，速證大菩提。

「復次，善男子！菩薩摩訶薩復有大悲大甲冑輪，若菩薩摩訶薩成就此輪，從初發心，一切五欲皆能除斷，超勝一切聲聞、獨覺，普為一切聲聞、獨覺作大福田，一切聲聞、獨覺乘等皆應供養承事守護。所以者何？一切聲聞、獨覺乘等，但為己身得利樂故而修行悲，不欲普為一切有情得利樂故修行大悲；菩薩摩訶薩不為己身得利樂故而修行悲，但欲普為一切有情得利樂故修行大悲。是故菩薩成就大悲大甲冑輪，超勝一切聲聞、獨覺，普為一切聲聞、獨覺作大福田，一切聲聞、獨覺乘等皆應供養承事守護。是菩薩摩訶薩普為饒益諸有情故，行四攝事而成熟之。謂由大悲，普為利樂諸有情故，行布施攝，能捨一切珍寶財物、禽獸、僕使、國城、妻子乃至身命，無所悋惜，行無所得為方便故，不見一切所化有情，不見施者，不見受者，不見施物，不見施行，不見施行所得果報，乃至不見無所得行。如是大悲，普為利樂諸有情故，行愛語攝、行利行攝、行同事攝，隨其所應，如上廣說乃至不見無所得行。是菩薩摩訶薩常以最勝能調伏心，能寂靜心、無數量心，不行一切蘊、處、界心，所生無動無住大悲大甲冑輪，成熟一切所化有情，心無厭倦，如是名為菩薩大悲大甲冑輪，不共一切聲聞、獨覺。善男子！若菩薩摩訶薩成此大悲大甲冑輪，從初發心，一切五欲皆能除斷，得名菩薩摩訶薩也。超勝一切聲聞、獨覺，普為一切聲聞、獨覺作大福田，一切聲聞、獨覺乘等皆應供養承事守護。」

爾時，世尊重顯此義而說頌曰：

甚深微妙法，　所成之大悲，　難測類虛空，　無色無安住。
菩薩大精進，　具杜多功德，　勝智成大悲，　勇健超諸世。
無依怙有情，　生死苦穢縛，　大悲水沐浴，　令解脫眾苦。

菩薩行大悲，　能竭生死海，　非諸聲聞眾，　及獨覺所行。
眾生貪恚癡，　迷謬墮惡趣，　濯以大悲水，　脫苦得蕭然。

「復次，善男子！菩薩摩訶薩復有能引遍滿虛空無量無邊廣大眾具辭無礙解一切佛法諸三摩地、諸陀羅尼堅固大忍大甲冑輪，若菩薩摩訶薩成就此輪，從初發心，一切五欲皆能除斷，超勝一切聲聞、獨覺，普為一切聲聞、獨覺作大福田，一切聲聞、獨覺乘等皆應供養承事守護。云何菩薩摩訶薩能引遍滿虛空無量無邊廣大眾具辭無礙解一切佛法諸三摩地、諸陀羅尼堅固大忍大甲冑輪？謂諸菩薩於一切法審諦照察，如明月光遍滿虛空，其心平等，無依無相，無住無染，普於一切三摩地門、陀羅尼門心無行動。於諸眼色、眼識、眼觸離意染著心無行動，於眼觸緣生內三受或樂、或苦、或非苦樂，心常寂定無所取著；於諸耳聲、耳識、耳觸，於諸鼻香、鼻識、鼻觸，於諸舌味、舌識、舌觸，於諸身觸、身識、身觸，於諸意法、意識、意觸，廣說亦爾，普於一切心意識中，心常寂定無所取著，於心意識所生三受或樂、或苦、或非苦樂，心常寂定無所取著。普於三世諸蘊、界、處一切品類皆無取著，心無行動。普於一切三界、三行、三觸、三受、三根、三乘、三律儀、三解脫一切品類，其心寂靜，無住無相，無所取著，平等而住。普於一切布施、淨戒、安忍、精進、靜慮、般若波羅蜜多，心無行動，寂靜而住。如是普於四念住、四正斷、四神足、五根、五力、七等覺支、八聖道支，心無行動，寂靜而住。普於一切九次第定，心無行動，寂靜而住。又於三行無障法智、道支、道體所引作用，皆無取著，心無行動。於阿賴耶、非阿賴耶、有取無取、有漏無漏、此岸彼岸、小大無量、作與不作、善惡無記諸品類中，心無行動，寂靜而住。普於一切大慈大悲善巧方便成熟有情，乃至十地、三不護、四無所畏乃至十八不共佛法一切品類皆無取著，心無所動，寂靜而住。菩薩摩訶薩由此輪故，能永息除三受過失，能永寂滅一切分別，能永遠離一切法相，復能安住，能引一切虛空眼頂諸三摩地、諸陀羅尼善巧方便大甲冑輪。菩薩安住如是輪故，一切過去所引未盡惡不善業、無暇惡趣諸有諸趣、死生諸業皆能除滅，令盡無餘，不受果報。

「又，善男子！譬如世界火災將起，五日出時，一切世間小池大池、小河大河、小海大海水皆枯竭，滅盡無餘；如是菩薩成就能引遍滿虛空無量無邊廣大眾具辯無礙解一切佛法諸三摩地、諸陀羅尼堅固大忍大甲冑輪，復能安住能引一切虛空眼頂諸三摩地、諸陀羅尼善巧方便大甲冑輪，一切過去所引未盡惡不善業、無暇惡趣、諸有諸趣、死生諸業皆能除滅，令盡無餘，不受果報。

「又，善男子！譬如世界水災起時，於此三千大千世界諸小世界，各四大洲八萬小渚、妙高山王及諸山等，皆為*災水浸爛銷盡，令無有餘；如是菩薩成就能引遍滿虛空無量無邊廣大眾具辯無礙解一切佛法諸三摩地、諸陀羅尼堅固大忍大甲冑輪，復能安住能引一切虛空眼頂諸三摩地、諸陀羅尼善巧方便大甲冑輪，一切過去所引未盡惡不善業、無暇惡趣、諸有諸趣、死生諸業皆能除滅，令盡無餘，不受果報。

「又，善男子！譬如黑暗遍滿虛空，朗日出時，皆能除滅；如是菩薩成就能引遍滿虛空無量無邊廣大眾具辯無礙解一切佛法諸三摩地、諸陀羅尼堅固大忍大甲冑輪，復能安住能引一切虛空眼頂諸三摩地、諸陀羅尼善巧方便大甲冑輪，發起無邊虛空智日，能永除滅自身四倒、無明黑暗，一切過去所引未盡惡不善業、無暇惡趣、諸有諸趣、死生諸業皆能除滅，令盡無餘，不受果報。又由此故，於諸佛法增進自在，常無退轉，不復隨順惡友力行，常得不離見一切佛及諸菩薩、聲聞弟子，不離聞法，不離親近供養衆僧，於諸功德心常無厭，乃至菩提恒無間斷，又常不離念佛思惟，乃至夢中亦無暫廢。

「又，善男子！云何菩薩摩訶薩能引遍滿虛空無量無邊廣大衆具辯無礙解一切佛法諸三摩地、諸陀羅尼堅固大忍大甲冑輪？謂諸菩薩入初靜慮乃至第四靜慮，入無邊虛空處乃至非想非非想處，入滅受想定，住此定中一切三受、三行斷滅，心無行動，諸受、想、思、觸、作意等悉皆斷滅。安住此定，或一日夜，或復乃至七七日夜受定味食，從此定起，其心寂靜無所取著，宴然而住。復入勝義究竟空定，住此定中其心平等，無所取著猶若虛空，身諸毛孔皆出霜液，狀如昴星，滅除一切欝烝結縛，從此定起得正憶念，最勝喜樂充遍其身，如大自在天子入現一切樂定，身諸毛孔皆遍受樂。如是菩薩樂觸其身，便思念佛，思念佛故則唯見佛，不見餘相。菩薩爾時，若念一佛則見一佛，若念多佛則見多佛，若念小身佛則見小身佛，若念大身佛則見大身佛，若念無量身佛則見無量身佛，若念自身為佛身相，則見自身同於佛身眾相圓滿，若念他身為佛身相，則見他身同於佛身眾相圓滿，若念一切情非情數所有色像為佛身相，則見一切情非情數所有色像皆同佛身眾相圓滿，不見其餘一切色像。菩薩爾時便作是念：『一切諸法、一切色像皆如幻等，諦實不虛，我今復應皆悉斷滅一切三受、三行等法，令無有餘。』作是念已，入滅盡定，住此定中，如心所期皆盡斷滅，受定味食，或一七日夜，或二七日夜，或三、四、五、六、七、八、九、十七日夜，或經無量百千俱胝那庾多劫，隨力所能安住此定，受定味食，從此定起，其心寂靜無所取著，宴然而住。復入勝義究竟空定，廣說如前，乃至思念佛身相已，知一切法一切色像皆如幻等，諦實不虛。

「善男子！是名菩薩摩訶薩能引遍滿虛空無量無邊廣大眾具辭無礙解一切佛

法諸三摩地、諸陀羅尼堅固大忍大甲胄輪，菩薩摩訶薩成就此輪，則能安住能引一切虛空眼頂諸三摩地、諸陀羅尼善巧方便大甲胄輪，住此輪故，發起無邊虛空智日，能永除滅自身四倒、無明黑暗，一切過去所引未盡惡不善業、無暇惡趣、諸有諸趣、死生諸業皆能除滅，令盡無餘，不受果報。

「善男子！若菩薩摩訶薩成就此輪，從初發心，一切五欲皆能除斷，超勝一切聲聞、獨覺，普為一切聲聞、獨覺作大福田，一切聲聞、獨覺乘等皆應供養承事守護。由此輪故，於諸佛法增進自在，常無退轉，不復隨順惡友力行，常得不離見一切佛及諸菩薩、聲聞弟子，不離聞法，不離親近供養衆僧，於諸功德心常無厭，乃至菩提恒無間斷，又常不離念佛思惟，乃至夢中亦無暫廢。如是菩薩福德智慧速疾圓滿，不久安住清淨佛國，證得無上正等菩提，於彼佛國一切有情皆受化生，色相如佛，煩惱微薄皆住大乘。」

爾時，世尊重顯此義而說頌曰：

欲成諸法器，　斷一切煩惱，　常趣入真空，　衆事無難作。

為斷諸有縛，　當勤修等持，　功德定相應，　必獲難思慧。
修靜慮無色，　滅定真空觀，　起念佛勝智，　能盡一切惡。
有無一切法，　破以真空觀，　永離諸惡趣，　常得見諸佛。
善修真空觀，　勤學諸善法，　供養一切佛，　速當成佛果。
為有情親友，　滅除煩惱病，　速住淨佛國，　證得大菩提。
衆生如佛相，　遍滿於佛土，　皆趣求佛乘，　離聲聞獨覺。

大乘大集地藏十輪經獲益囑累品第八

佛說如是大法門時，於衆會中有殑伽沙等菩薩摩訶薩，過去久習念佛思惟，今聞世尊所說念佛修觀方便，皆得念佛三摩地門。復有無量無邊衆生，聞是法已，皆得一切定命華鬘陀羅尼門。復有無量無邊衆生，聞佛所說，皆得一切首楞伽摩電光依止陀羅尼門。復有無量無邊衆生，聞佛所說，皆得一切法自在轉光明依止順忍。復有無量無邊衆生，聞佛所說，遠塵離垢，於諸法中生淨法眼，得預流果。復有無量無邊衆生，聞佛所說，得一來果。復有無量無邊衆生，聞佛所說，得不還果。復有無量無邊衆生，聞佛所說，皆得最上阿羅漢果。復有無量無邊衆生，聞佛所說，心求出離三界牢獄，依佛出家，趣入正法。復有無量無邊衆生，聞佛所說，盡壽安住十善業道，依聲聞乘發心不退。復有無量無邊衆生，聞佛所說，盡壽安住十善業道，依獨覺乘發心不退。復有無量無邊衆生，聞佛所說，盡壽安住十善業道，依大乘中發阿耨多羅三藐三菩提心，不復退轉。復有無量無邊衆生，聞佛所說，得世正見，由此正見除滅一切往惡趣因煩惱惡業，增長一切向善趣因正願善業。復有無量無邊衆生，聞佛所說，皆受三歸，安住近事、近住淨戒，樂供養佛，樂聽聞法，樂奉事僧，晝夜精勤曾無懈廢。復有無量無邊衆生，聞佛所說，遠離一切邪趣邪歸，惡意惡業，於佛法中得決定信，棄捨家法，清淨出家。

爾時，世尊告虛空藏菩薩摩訶薩言：「善男子！吾今持此地藏十輪大記法門付囑汝手，汝當受持，廣令流布。若諸衆生於此法門有能讀誦，思惟其義，為他解說，住正行者，汝當為彼守護十法，令於長夜利益安樂。何等為十？一者、為彼守護，一切財位令無損乏；二者、為彼守護，一切怨敵令不侵害；三者、為彼守護，令捨一切邪見、邪歸、十惡業道；四者、為彼守護，令免一切身語謫罰；五者、為彼守護，遮斷一切謗毀輕弄；六*者、為彼守護，令於一切軌範、尸羅皆得無犯；七者、為彼守護，令悉除滅一切非人、四大乖反、非時老病；八者、為彼守護，不遭一切非時非理災橫夭歿；九者、為彼守護，命欲終時得見一切諸佛色像；十者、為彼守護，令其終後往生善趣利益安樂。善男子！若諸有情於此法門，有能讀誦，思惟其義，為他解說，住正行者，汝當為彼勤加守護如是十法，令於長夜利益安樂。」

時虛空藏菩薩摩訶薩白佛言：「唯然！世尊！我當受持如是法門，廣令流布。若諸有情於此法門，有能讀誦，思惟其義，為他解說，住正行者，我當為彼守護十法，令於長夜利益安樂。」

時薄伽梵說是經已，於衆會中，虛空藏菩薩摩訶薩、地藏菩薩摩訶薩、金剛藏菩薩摩訶薩、好疑問菩薩摩訶薩、天藏大梵等，及諸天、龍、藥叉、健達縛、阿素洛、揭路荼、緊捺洛、莫呼洛伽、人非人等，一切大眾聞佛所說，皆大歡喜，信受奉行。

大乘大集地藏十輪經卷第十

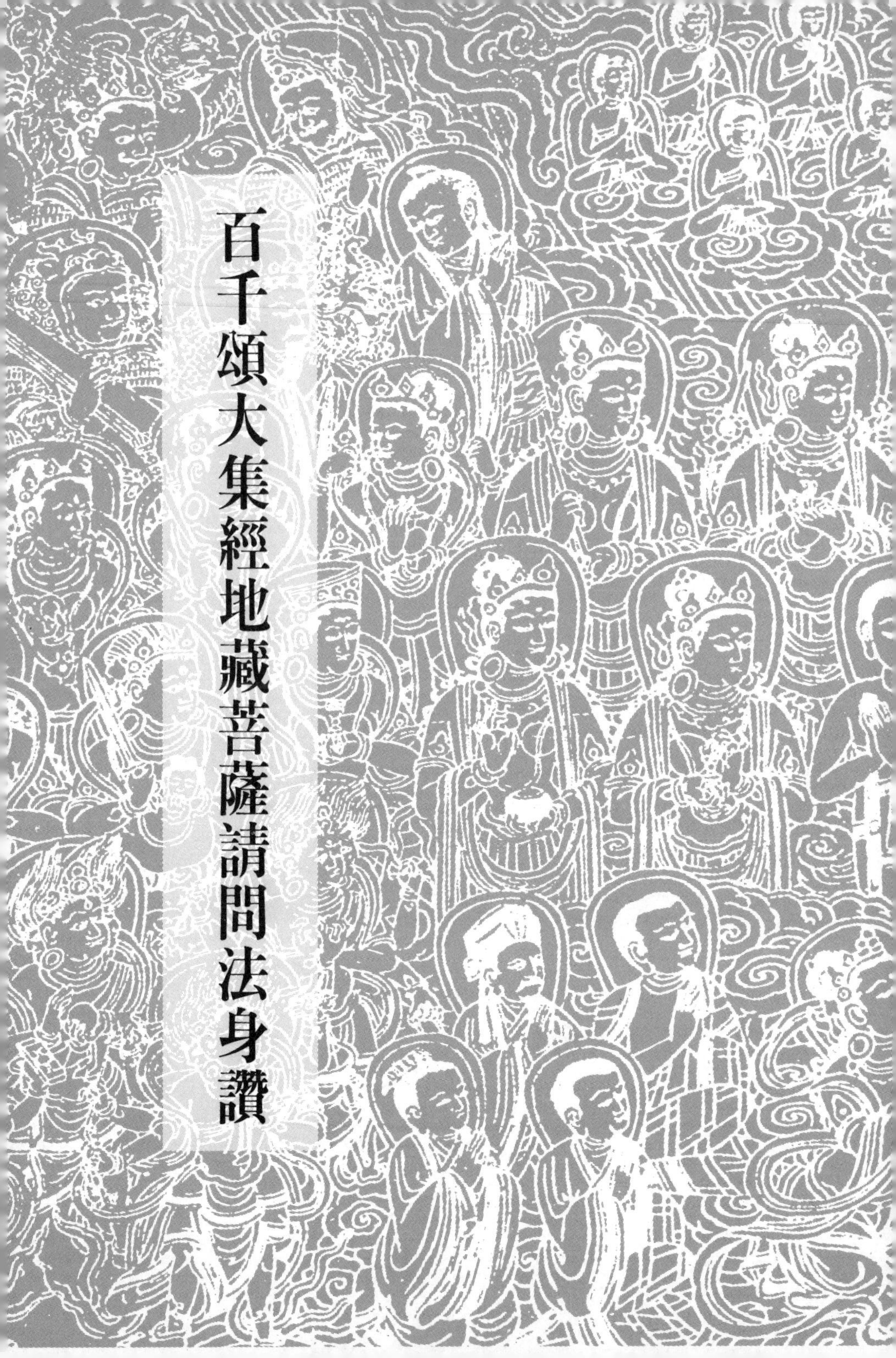

百千頌大集經地藏菩薩請問法身讚

百千頌大集經地藏菩薩請問法身讚

開府儀同三司特進試鴻臚卿肅國公食邑三千戶賜紫贈司空謚大鑒正號大廣智大興善寺三藏沙門不空奉　詔譯

歸命禮法身，住於諸有情，彼由不遍知，輪迴於三有。
其性即生死，淨時亦復然，清淨是涅槃，亦即是法身。
譬如乳相雜，醍醐不可得，如煩惱相雜，法界不可見。
譬如淨乳已，酥精妙無垢，如淨其煩惱，法界極清淨。

如燈在其瓶，光耀無所有，如在煩惱瓶，法界不照耀。
彼彼令一邊，其瓶若得穴，由彼彼一邊，光明而外出。
以三摩地杵，破壞煩惱瓶，遍滿於虛空，普遍光照耀。
法界亦不生，亦不曾壞滅，一切時不染，初中常無垢。
譬如吠瑠璃，常時極光明，石藏以覆蔽，彼光不照耀。
如是煩惱覆，法界妙清淨，不照於生死，於涅槃光明。
有性若有功，則見於真金，無性若有功，困而無所獲。
如糠覆其上，不名為粳米，煩惱覆其上，亦不名為佛。
若得離於糠，顯現於粳米，遠離於煩惱，法身得顯現。
世間作譬喻，芭蕉無堅實，而有貞實果，食味如甘露。
如無實生死，流轉煩惱海，其果即佛體，甘露施有施。
如是於諸種，相似生共果，無種亦無果，智者必不信。
種子則其性，諸法之所依，次第若能淨，獲得成佛位。

日月常無垢，以五種覆蔽，雲霧與烟等，羅*睺手及塵。
如是心光明，覆蔽以五垢，貪愛瞋恚眠，掉舉與疑惑。
如火洗其衣，種種垢不淨，若擲於火中，燒垢不燒衣。
空類諸契經，所有如來說，一切斷煩惱，不曾壞其性。
譬如地下水，常住而清淨，智隱於煩惱，清淨亦復然。
法界亦非我，非女亦非男，遠離一切執，云何分別我？
諸法無所著，女男不可得，貪盲調伏故，示現男女相。
無常苦空性，心淨慮有三，最勝心淨慮，諸法無自性。
如胞胎孕*者，有之而不現，如煩惱所覆，法實不可見。
分別有四種，所生大造者，分別我我所，名想及境界。
一切佛大願，無所有無相，自覺相應故，諸佛常法性。
如言兔有角，分別而非有，如是一切法，分別不可得。
分析如微塵，分別不可得，如初後亦爾，智云何分別？

如是和合生，和合亦滅壞，一法自不生，云何愚分別？
兔牛二角喻，此名遍計相，依住於中道，如善逝法性。
如月及星宿，現於清水器，影像而顯現，如是圓成相。
初中亦為善，常恒不欺誑，彼無五種我，云何我分別？
譬如熱時水，故名為熱水，是則其冷時，則名為冷水。
覆蔽煩惱網，是則名為心，若離其煩惱，則名為等覺。
眼識緣於色，影像極清淨，不生亦不滅，法界無形相。
耳識緣於聲，清淨識三種，以自分別聞，法界無形相。
鼻依香而嗅，無色亦無形，鼻識是真如，法界應分別。
舌界自性空，味界性遠離，無依亦無識，法界自性故。
清淨身自性，所觸和合相，遠離於所緣，我說為法界。
諸法意為最，離能所分別，法界無自性，法界而分別。
能見聞而嗅，是味及所觸，瑜伽法是知，如是圓成相。

眼耳及與鼻，舌身及末那，六處皆清淨，如是彼之相。
心見有二種，世間出世間，我執為流轉，自覺是真如。
無盡是涅槃，若盡貪及癡，覺彼是佛體，有情歸依處。
一切於此身，有智及無智，繫縛自分別，由悟得解脫。
菩提不遠近，不來亦不去，壞滅及顯現，於此煩惱網。
說於衆契經，住於自思惟，照以智慧燈，即得最勝寂。
菩提不遠想，亦無隣近想，是六境影像，皆由如是知。
如水與乳合，同在於一器，鵝飲盡其乳，其水如常在。
如是煩惱雜，智在於一器，瑜伽者飲智，棄捨於煩惱。
如是我我執，乃至所取執，若見二無我，有種而滅壞。
是佛般涅槃，常恒淨無垢，愚夫二分別，無二瑜伽句。
種種難行施，以戒攝有情，一切損忍辱，界增此為三。
於諸法精進，靜慮心加行，常習於智慧，復得菩提增。

方便共為慧，以願皆清淨，以力妙堅智，界增為四種。
不應禮菩薩，此為甚惡說，不親於菩薩，不生其法身。
*憎於甘蔗種，欲食於石蜜，若壞甘蔗種，無由石蜜生。
若護甘蔗種，三種而可得，糖半糖石蜜，於中必得生。
若護菩提心，三種而可得，羅漢緣覺佛，於中必得生。
如護於稻芽，農夫必當護，如初勝解行，如來必作護。
如*黑十五日，而見月輪形，如是勝解行，影現佛形相。
如是初月輪，剎那剎那增，如是入地者，念念見增益。
如白十五日，月輪得圓滿，如是究竟地，法身而得生。
勝解彼堅固，常當於佛法，能發如是心，得為不退轉。
染依得轉依，得受為淨依，由分得覺悟，名為極喜地。
常時於染污，欲等種種垢，無垢得清淨，名為離垢地。
滅壞煩惱網，照耀得離垢，無量之暗瞑，離名發光地。

清淨常光明，遠離世吉祥，圍遶智慧焰，名為焰慧地。
一切明工技，種種靜慮飾，難勝於煩惱，得勝難勝地。
於三種菩提，攝受令成就，生滅於甚深，名為現前地。
遊戲於光網，遍以帝釋嚴，超越欲暴流，名為遠行地。
一切佛加持，預入於智海，自在無功用，不動於魔使。
於諸無礙解，瑜伽到彼岸，於說法談論，名為善慧地。
身以智所成，如虛空無垢，諸佛皆所持，普遍如法雲。
佛法之所依，行果皆所持，所依皆得轉，故名為法身。
離不思議熏，及離流轉習，*汝不☆思思者，云何而得知？
超過諸語境，一切根非境，意識所取者，如所有我*禮。
次第而積集，佛子大名稱，皆以法雲智，微細見法性。
爾時洗濯心，超渡生死海，彼以大蓮花，安立為大座。
無量寶葉光，寶光明為臺，無量億蓮花，普遍為眷屬。

先以十種力，以無畏四種，餘佛不共法，大自在而坐。
一切善皆集，福智以資糧，圓月在星宿，遍滿而圍遶。
則以佛日手，以寶光無垢，灌頂於長子，普遍皆令灌。
彼住大瑜伽，皆見以天眼，無明攬擾世，惡習苦怖畏。
狀如金光色，從彼瑜伽光，彼無知所覆，得開無明門。
以福智感招，彼獲無執定，隨緣而圓寂，心得皆變化。
諸法無自性，自性於境界，菩薩王妙見，法身妙無垢。
皆以無垢身，安住於智海，即作衆生利，如巧摩尼珠。
一切瑜伽者，大瑜伽自在，佛影皆變化，遍滿而流出。
或有八臂者，三目熾盛身，彼皆瑜伽王，普遍而流出。
皆以慈悲手，勝喜執持弓，射以般若箭，皆斷細無明。
以大力昇進，執持智慧棒，一切無明㲉，普遍皆碎壞。
強力諸有情，金剛熾盛身，調伏有情故，則為金剛手。

自為作業者，示現種種果，教誡如教理，變為平等王。
飢渴猛熾身，能施諸飲食，常患諸疾者，則為善醫王。
魔王於營從，魔女於莊嚴，菩薩作親友，能施菩提場。
由如日月形，彼光皆悅意，流出如電光，照曜俱胝剎。
由以一燈故，遍照皆得然，若一燈滅盡，一切皆隨盡。
如是異熟佛，示現種種光，一化現涅槃，餘佛示歸寂。
一亦無滅度，日光豈作暗，常現於出沒，示現剎土海。
於無智暗世，能淨智慧眼，往於俱胝剎，矜愍化有情。
彼皆不疲倦，由彼大慈甲，一切於神足，瑜伽皆彼岸。
皆觀時非時，令彼得流轉，剛強於諂曲，暫時而棄捨。
無量調有情，頓作令清淨，無量佛變化，頓時得暫變。
於三界海中，而擲調伏網，舒展妙法網，普遍令成熟。
則以調伏網，普遍令成熟，普遍令舉出，於中漂流者。

則如千有情，普遍令度已，度已令覺悟，妙法不生疑。
世尊妙法鈴，普遍令得聞，由此振聲故，除落煩惱塵。
增上無明人，令淨於一時，以日光明威，破壞衆翳瞙。
隨從暗煩惱，及餘罪身者，令彼作利益，積漸令清淨。
彼彼人現化，安住如水月，煩惱攪擾心，不見於如來。
如餓鬼於海，普遍見枯竭，如是少福者，無佛作分別。
有情少福者，如來云何作？如於生盲手，安以最勝寶。
云何而能見，無上之法身？俱胝日光身，光網以圍遶。
諸天以少善，不能而得見，上次於大天，云何而得見？
彼色不能見，諸仙離煩惱，天修羅梵等，云何餘少慧？
然以佛威力，清淨自心故，能見如是類，獲得一切盛。
有情福端嚴，佛住彼人前，光明照耀身，三十二勝相。
彼如是丈夫，當見如大海，不經於多時，即得智如海。

百千*頌大集經地藏菩薩請問法身讚

世尊彼色身，安住於多劫，能調可調利，趣於戒種類。
廣壽大瑜伽，少壽何因故？多人俱胝餘，示現增減壽。
無量俱胝劫，以命命增長，因緣皆無盡，獲得無盡果。
若有相應顯此理，唯身以慧作分析，彼人生於淨蓮花，聞法所說無量壽。

南無護法韋馱尊天菩薩

如是我聞

白話華嚴經　全套八冊

國際禪學大師　洪啟嵩語譯　定價NT$5440

八十華嚴史上首部完整現代語譯！

導讀 ＋ 白話語譯 ＋ 註譯 ＋ 原經文

《華嚴經》為大乘佛教經典五大部之一，為毘盧遮那如來於菩提道場始成正覺時，所宣說之廣大圓滿、無盡無礙的內證法門，十方廣大無邊，三世流通不盡，現前了知華嚴正見，即墮入佛數，初發心即成正覺，恭敬奉持、讀誦、供養，功德廣大不可思議！本書是描寫富麗莊嚴的成佛境界，是諸佛最圓滿的展現，也是每一個生命的覺性奮鬥史。內含白話、注釋及原經文，兼具文言之韻味與通暢清晰之白話，引領您深入諸佛智慧大海！

全佛文化圖書出版目錄

佛教小百科系列

- □ 佛菩薩的圖像解說1-總論•佛部 320
- □ 佛菩薩的圖像解說2-菩薩部•觀音部•明王部 280
- □ 密教曼荼羅圖典1-總論•別尊•西藏 240
- □ 密教曼荼羅圖典2-胎藏界上 300
- □ 密教曼荼羅圖典2-胎藏界中 350
- □ 密教曼荼羅圖典2-胎藏界下 420
- □ 密教曼荼羅圖典3-金剛界上 260
- □ 密教曼荼羅圖典3-金剛界下 260
- □ 佛教的真言咒語 330
- □ 天龍八部 350
- □ 觀音寶典 320
- □ 財寶本尊與財神 350
- □ 消災增福本尊 320
- □ 長壽延命本尊 280
- □ 智慧才辯本尊 290
- □ 令具威德懷愛本尊 280
- □ 佛教的手印 290
- □ 密教的修法手印-上 350
- □ 密教的修法手印-下 390
- □ 簡易學梵字(基礎篇)-附CD 250
- □ 簡易學梵字(進階篇)-附CD 300
- □ 佛教的法器 290
- □ 佛教的持物 330
- □ 佛教的塔婆 290
- □ 中國的佛塔-上 240
- □ 中國的佛塔-下 240
- □ 西藏著名的寺院與佛塔 330
- □ 佛教的動物-上 220
- □ 佛教的動物-下 220
- □ 佛教的植物-上 220
- □ 佛教的植物-下 220
- □ 佛教的蓮花 260
- □ 佛教的香與香器 280
- □ 佛教的神通 290
- □ 神通的原理與修持 280
- □ 神通感應錄 250
- □ 佛教的念珠 220
- □ 佛教的宗派 295
- □ 佛教的重要經典 290
- □ 佛教的重要名詞解說 380
- □ 佛教的節慶 260
- □ 佛教的護法神 320
- □ 佛教的宇宙觀 260
- □ 佛教的精靈鬼怪 280
- □ 密宗重要名詞解說 290
- □ 禪宗的重要名詞解說-上 360
- □ 禪宗的重要名詞解說-下 290
- □ 佛教的聖地-印度篇 200

佛菩薩經典系列

- □ 阿彌陀佛經典 350
- □ 藥師佛•阿閦佛經典 220
- □ 普賢菩薩經典 180
- □ 文殊菩薩經典 260
- □ 觀音菩薩經典 220
- □ 地藏菩薩經典 260
- □ 彌勒菩薩•常啼菩薩經典 250
- □ 維摩詰菩薩經典 250
- □ 虛空藏菩薩經典 350
- □ 無盡意菩薩•無所有菩薩經典 260

佛法常行經典系列

- □ 妙法蓮華經 260
- □ 悲華經 260
- □ 大乘本生心地觀經•勝鬘經•如來藏經 200

☐ 小品般若波羅密經	220	☐ 解深密經 • 大乘密嚴經	200
☐ 金光明經 • 金光明最勝王經	280	☐ 大日經	220
☐ 楞伽經 • 入楞伽經	360	☐ 金剛頂經 • 金剛頂瑜伽念誦經	200
☐ 楞嚴經	200		

三昧禪法經典系列

☐ 念佛三昧經典	260	☐ 寶如來三昧經典	250
☐ 般舟三昧經典	220	☐ 如來智印三昧經典	180
☐ 觀佛三昧經典	220	☐ 法華三昧經典	260
☐ 如幻三昧經典	250	☐ 坐禪三昧經典	250
☐ 月燈三昧經典(三昧王經典)	260	☐ 修行道地經典	250

修行道地經典系列

☐ 大方廣佛華嚴經(10冊)	1600	☐ 中阿含經(8冊)	1200
☐ 長阿含經(4冊)	600	☐ 雜阿含經(8冊)	1200
☐ 增一阿含經(7冊)	1050		

佛經修持法系列

☐ 如何修持心經	200	☐ 如何修持阿閦佛國經	200
☐ 如何修持金剛經	260	☐ 如何修持華嚴經	290
☐ 如何修持阿彌陀經	200	☐ 如何修持圓覺經	220
☐ 如何修持藥師經-附CD	280	☐ 如何修持法華經	220
☐ 如何修持大悲心陀羅尼經	220	☐ 如何修持楞嚴經	220

守護佛菩薩系列

☐ 釋迦牟尼佛-人間守護主	240	☐ 地藏菩薩-大願守護主	250
☐ 阿彌陀佛-平安吉祥	240	☐ 彌勒菩薩-慈心喜樂守護主	220
☐ 藥師佛-消災延壽(附CD)	260	☐ 大勢至菩薩-大力守護主	220
☐ 大日如來-密教之主	250	☐ 準提菩薩-滿願守護主(附CD)	260
☐ 觀音菩薩-大悲守護主(附CD)	280	☐ 不動明王-除障守護主	220
☐ 文殊菩薩-智慧之主(附CD)	280	☐ 虛空藏菩薩-福德大智守護(附CD)	260
☐ 普賢菩薩-廣大行願守護主	250	☐ 毘沙門天王-護世財寶之主(附CD)	280

輕鬆學佛法系列

☐ 遇見佛陀-影響百億人的生命導師	200	☐ 佛陀的第一堂課-四聖諦與八正道	200
☐ 如何成為佛陀的學生-皈依與受戒	200	☐ 業力與因果-佛陀教你如何掌握自己的命運	220

洪老師禪座教室系列

	書名	價格
□	靜坐-長春.長樂.長效的人生	200
□	放鬆(附CD)	250
□	妙定功-超越身心最佳功法(附CD)	260
□	妙定功VCD	295
□	睡夢-輕鬆入眠•夢中自在(附CD)	240
□	沒有敵者-強化身心免疫力的修鍊法(附CD)	280
□	夢瑜伽-夢中作主.夢中變身	260
□	如何培養定力-集中心靈的能量	200

禪生活系列

	書名	價格
□	坐禪的原理與方法-坐禪之道	280
□	以禪養生-呼吸健康法	200
□	內觀禪法-生活中的禪道	290
□	禪宗的傳承與參禪方法-禪的世界	260
□	禪的開悟境界-禪心與禪機	240
□	禪宗奇才的千古絕唱-永嘉禪師的頓悟	260
□	禪師的生死藝術-生死禪	240
□	禪師的開悟故事-開悟禪	260
□	女禪師的開悟故事(上)-女人禪	220
□	女禪師的開悟故事(下)-女人禪	260
□	以禪療心-十六種禪心療法	260

佛家經論導讀叢書系列

	書名	價格
□	雜阿含經導讀-修訂版	450
□	異部宗論導讀	240
□	大乘成業論導讀	240
□	解深密經導讀	320
□	阿彌陀經導讀	320
□	唯識三十頌導讀-修訂版	520
□	唯識二十論導讀	300
□	小品般若經論對讀-上	400
□	小品般若經論對讀-下	420
□	金剛經導讀	220
□	心經導讀	160
□	中論導讀-上	420
□	中論導讀-下	380
□	楞伽經導讀	400
□	法華經導讀-上	220
□	法華經導讀-下	240
□	十地經導讀	350
□	大般涅槃經導讀-上	280
□	大般涅槃經導讀-下	280
□	維摩詰經導讀	220
□	菩提道次第略論導讀	450
□	密續部總建立廣釋	280
□	四法寶鬘導讀	200
□	因明入正理論導讀-上	240
□	因明入正理論導讀-下	200

談錫永作品系列

	書名	價格
□	閒話密宗	200
□	西藏密宗占卜法-妙吉祥占卜法（組合）	580
□	細說輪迴生死書-上	200
□	細說輪迴生死書-下	200
□	西藏密宗百問-修訂版	210
□	觀世音與大悲咒-修訂版	190
□	佛家名相	220
□	密宗名相	220
□	佛家宗派	220
□	佛家經論-見修法鬘	180
□	生與死的禪法	260
□	細說如來藏	280
□	如來藏三談	300

大中觀系列

- ☐ 四重緣起深般若-增訂版 420
- ☐ 心經內義與究竟義-印度四大論師釋《心經》 350
- ☐ 聖入無分別總持經對堪及研究 390
- ☐ 《入楞伽經》梵本新譯 320
- ☐ 《寶性論》梵本新譯 320
- ☐ 如來藏論集 330
- ☐ 如來藏二諦見 360
- ☐ 《聖妙吉祥真實名經》梵本校譯 390
- ☐ 《聖妙吉祥真實名經》釋論三種 390
- ☐ 《辨中邊論釋》校疏 400

甯瑪派叢書-見部系列

- ☐ 九乘次第論集-佛家各部見修差別 380
- ☐ 甯瑪派四部宗義釋 480
- ☐ 辨法法性論及釋論兩種 480
- ☐ 決定寶燈 480
- ☐ 無修佛道-現證自性大圓滿本來面目教授 360
- ☐ 幻化網秘密藏續釋-光明藏 560
- ☐ 善說顯現喜宴-甯瑪派大圓滿教法 650

甯瑪派叢書-修部系列

- ☐ 大圓滿心性休息導引 395
- ☐ 大圓滿前行及讚頌 380
- ☐ 幻化網秘密藏續 480
- ☐ 六中有自解脫導引 520

李潤生作品系列

- ☐ 佛家輪迴理論-上 360
- ☐ 佛家輪迴理論-下 390
- ☐ 生活中的佛法-山齋絮語 390
- ☐ 百論析義-上 450
- ☐ 百論析義-下 480
- ☐ 唯識.因明.禪偈的深層探究-上 350
- ☐ 唯識.因明.禪偈的深層探究-下 390

蓮花生大士全傳系列

- ☐ 蓮花王 320
- ☐ 師子吼聲 320
- ☐ 桑耶大師 320
- ☐ 廣大圓滿 320
- ☐ 無死虹身 320
- ☐ 蓮花生大士祈請文集 280

密乘寶海系列

- ☐ 現觀中脈實相成就-開啟中脈實修秘法 290
- ☐ 智慧成就拙火瑜伽 330
- ☐ 蓮師大圓滿教授講記-藏密寧瑪派最高解脫法門 220
- ☐ 密宗修行要旨-總攝密法的根本要義 430
- ☐ 密宗成佛心要-今生即身成佛的必備書 240
- ☐ 無死-超越生與死的無死瑜伽 200

佛菩薩經典系列6

《地藏菩薩經典》

主編　全佛編輯部
出版　全佛文化事業有限公司
永久信箱：台北郵政26-341號信箱
訂購專線：（02）2913-2199
傳真專線：（02）2913-3693
發行專線：（02）2219-0898
匯款帳號：3199717004240 合作金庫銀行大坪林分行
戶名：全佛文化事業有限公司
E-mail：buddhall@ms7.hinet.net
http://www.buddhall.com
門市　心茶堂
新北市新店區民權路95號4樓之1（江陵金融大樓）
門市專線：（02）2219-8189
行銷代理　紅螞蟻圖書有限公司
台北市內湖區舊宗路二段121巷19號（紅螞蟻資訊大樓）
電話：（02）2795-3656
傳真：（02）2795-4100
一九九五年十二月　初版
二〇一三年十二月　初版四刷
定價新台幣　二六〇元
ISBN　978-957-9462-21-1（平裝）

國家圖書館出版品預行編目資料

地藏菩薩經典 / 全佛編輯部主編- - 初版. --
臺北市：全佛文化出版, 1995[民84]
面；　公分. －(佛菩薩經典系列；6)

ISBN 978-957-9462-21-1(平裝)

1.方等部
221.36　　84012606

Published by BuddhAll Cultural Enterprise Co.,Ltd.